丁学良 著

我读天下无字书

/ 增订版 /

A GREAT BOOK WITHOUT WORDS

北京大学出版社
PEKING UNIVERSITY PRESS

图书在版编目(CIP)数据

我读天下无字书/丁学良著. —增订本. —北京：北京大学出版社，2016.7

ISBN 978-7-301-27227-5

Ⅰ.①我… Ⅱ.①丁… Ⅲ.①文化—世界—文集 Ⅳ.①G112-53

中国版本图书馆 CIP 数据核字(2016)第 144615 号

书　　名	我读天下无字书（增订版） WO DU TIANXIA WUZI SHU
著作责任者	丁学良　著
责任编辑	刘　军
标准书号	ISBN 978-7-301-27227-5
出版发行	北京大学出版社
地　　址	北京市海淀区成府路 205 号　100871
网　　址	http://www.pup.cn
电子信箱	zyl@pup.pku.edu.cn　　新浪微博：@北京大学出版社
电　　话	邮购部 62752015　发行部 62750672　编辑部 62767346
印 刷 者	北京中科印刷有限公司
经 销 者	新华书店
	965 毫米×1300 毫米　16 开本　17.25 印张　163 千字 2016 年 7 月第 1 版　2017 年 3 月第 2 次印刷
定　　价	45.00 元

献　辞

谨以这本小书表达我对小弟、小妹及其配偶们的衷心感激

他们对身边慈母多年里始终如一的奉侍，令我得以较为安心地游学天下

永远读不完的书，永远行不尽的路

增订版序

在这个增订版里，我新加进了两章。一章是回忆台湾“联合报系”的首任董事长王惕吾先生，他退休后被该报系同仁敬称为“创办人”，因为这份在海外华人世界多个城市均设有分局或经营点的中文大报及其附属的报刊和书店，是他于1949－1950年间领导创办的。三十年前靠着王惕吾先生的报系诸位从业者的联络介绍，我才结识了台湾的传媒界、文化界、教育界、政界、商界的更多人士，更在二十七年前实现了我去台湾访问考察的心愿。另一章是回忆中国改革开放时代思想界、学术界最有影响力的前辈人物之一于光远先生，他是1982年夏季把我商调进北京的两位恩师之一。

这两位在海峡两岸三地和其他华人社区极富声名的长者现已仙逝，纪念和评论他们的文章历年积累下来汗牛充栋。我的文字可能和已经发表过的这类文字在某些方面颇不一致，而我认定，这恰恰是个人回忆录的价值之所在。倘若所有的人对某人的回忆都一模一样，那要么是撰文者们有问题，不按实情叙述，要么是被忆者有问题，他或她从来不以真面目示人，因为真实的人一定是多层多面、多姿多彩的，越是有成就者越是如此。

我的这类回忆故事和文字以后还会讲述、还会撰写，为的是让读者诸君从我有幸亲身接触过的那些各禀特色的洋人、华人和华洋混血人士的身上，感悟出做人和做事的情、义、理。而且，有了北京大学出版社几位资深编辑一如既往的督促，我也不能不继续下去——他们的大名均收录在本书第一版《序言》里。增订的这两章，一篇是我口述，而后由戴志勇整理成文，部分发表于他长期任职的《南方周末》"大参考"栏目里。他与我合作多年，还有几篇极富历史意义的文稿，待到合适的时机，也会扩充润色后编纳入书。另一篇则缘起于《南方周末·名牌》杂志的专栏，原编辑人员的大名也收集于第一版《序言》里。

本书第一版刊印有一帧"献辞"，那时慈母还在世。如今慈母已经离世，我保留原来的"献辞"不作改动，一来是为着纪念慈母，二来是为着持续表达我对那些年里日日奉侍慈母的小弟、小妹及其配偶的感激之情，尤其是在慈母弥留之际和治丧期间所尽的孝道。即便是在注重孔孟传统的皖南，如此这般长年累月的孝悌作为，也是不多见的。我越是思念慈母，就越是感谢他们。

从十几年前在中国内地鼓吹要重视研究中国日增的海外利益，到 2013 年夏末终于见证在深圳大学成立了此一研究中心，并蒙该校两任校长章必功教授、李清泉教授礼聘我为中心的学术指导，到如今已经颇有时日了。在未来的时间里，真希望还能够鼓吹推动一两件于国、于民、于人、于己皆有意义的事，比如说，促成中国沿海城市的一所综合性大学在国外设立一个正规校区（overseas campus）。它和已有的中国在国外设立的众多家“孔子学院”不同，是一间四年制（或三年制——依所在国的高等教育制度而定）的大学本科生学院，正式招生，毕业时对学生颁发所在国教育部门和中国的主办方大学皆承认的正规学士学位。

在哪儿设立这个本科生校区最为合适？依我所见，不应该设在发达国家里，因为那儿的教育资源相对丰富，用不着我们这个发展中国家再去锦上添花了。我提议这个本科生校区应该建在东南亚地区，因为那里的华人群体加起来，有将近三千万人之多，而除了一两个国家之外，都亟须高等教育的新补充资源。依所在国的政府意愿，这个本科生校区或是由中外两所大学联手合办，也可以是由中国的大学一家独资经办，以英语和所在国语言进行双语教学；若有些课程是集中在中国的历史和文化艺术的，也可以用汉语教学。它所培养的本科生毕业后，少数可以来中国进一步攻读研究生学位，多数留在本国，主要就职于和中国的经济贸易及文化往来相关的工商行业和非营利机构。若在未来的几年内，能够促成创办这样的一个中国大学的国外本科校区，那对中国的软实力长期投射和中外经济贸易关系，必定会产生可观的推动。中国的海上丝绸之路、陆上丝绸之路经济带每年动用数百亿美元的巨量投资，倘若以其百分之一二，资助这样的一所国外校区，岂不美哉！

其实，我和我的几位国内外朋友及研究项目伙伴，从1997年前后起，就在设想和讨论这个方案，也相继考察了中国周边的几个国家，看看具体的条件、机会、成本和困难何在。我们初选过的地点包括马来西亚首都的郊区、泰国北部清迈附近、印度尼西亚的中爪哇沿海城市。当初参与这个构思的前辈之一，就是本书第七章的主人公“汪老爷子”汪华林博士。

完稿于深圳大学

“中国海外利益研究中心”学术指导办公室

2016年元月6日

序　言

这本集子里收录的，是我过去二十多年里读“天下”这本无字大书的一些心得、灵感和体会。本书不是我至今最重要的出版物，因为它对我的饭碗没什么大影响。本书也不是我至今最费心力的出版物，因为它并不涉及理论或概念的修正、构建。但本书却是我至今在中国内地出版的投入最深的著述，因为它浸透着我游学天下的三十春秋情怀。

读“天下”这本无字的大书，讲起来顺口听起来顺耳，对我们这样的中国人来说做起来可不容易。首先的一条，是你得被授予行走天下的机会。与很多同时代的国人相比，我算是稍微幸运一点的，在中国闭关锁国数十年之后、一朝推行对外开放新政策的初期，就被允许去了美国念书。求学期间和学成之后的漫长岁月里，有缘接触和认识了多位在做学问、做事业和做人方面颇有独到之见和特别之处的西方人士、东方人士、双方人士（混血儿）。他们有的目下正年富力强，有的现在已经仙逝；有的早已是国际上知名的大师，有的是一个领域里面成果殷实的干家。但我对他们的描述评论，均不是从平面入手，以求面面俱到、综合持中（亦即画领袖“标准像”的那种风格），而是从我与他们接触的那一小点那一小段入手，由“方寸”来看“世界”，就像古人欣赏金石印章、今人欣赏纪念邮票一样。有心的读者在细细品味这些人和他们所做的事、做事的方式方法的过程中，当会时时有会心的一笑或一叹甚或一鞠之泪，悟出些许浅易文字之外的细腻的深层道理来。

我在国外选择的研究领域属于“比较政治社会学”和“现代化/发展研究”，因此很看重在现实世界里面同中寻异、异中索同。获得博士学位前后，我利用了多种机会游学列国——北美、西欧、苏联和中欧、东欧、环太平洋国家及地区、靠近北极的斯堪的纳维亚国家，等等。迄今算来，尚缺乏对非洲大陆、拉丁美洲和南亚次大陆的感性体验，以后还要加倍努力申请经费，逐一考察这些地方。我周游列国，实践的是“行万里路，读两本书，思一件事”的知行哲学。古人有言：“行万里路，读万卷书”。在那个时代，有心人发愤尚能做到，在科技发达的今天，就难以身体力行了。古时候读书人云游四海多半骑着头小毛驴，一天的行程不过数十华里，万里路行下来，好歹也得十年时光。古时的书籍字大而册薄，一天读它三四卷不成问题（根据我少时在家乡读明清时代木刻石印绣像小说的经验测算得出）。万里路行下来，读万卷书的计划指标也就差不多达到了。而在当今时代，空中航行万里，连两头往返机场的时间算上，也不过两天辰光——能读毕两本书，已属不易矣。“思一件事”，就是条件性地反思：“在这方面/这个问题上中国是怎么样的？”

在国外的所见所闻、所学所行、所食所饮，都会本能地或自觉地拿来与中国的相关事情作个对照比较，发一番有言无言的感慨："为什么中国不是这样的？"或"为什么外国在这种事情上不像中国那样？"无言的感慨，多半已掺和着红酒绿茶渗入肝肠。有言的感慨，小部分的收录在这本小书里。

出去游学近三十年来，我从"天下"这本无字的大书中获取的多种多样启迪，其价值并不少于我从英文书籍报刊上经由刻苦阅读所吸取的专业信息。如果要用最简洁的对比说法，不妨把后者称作"知识"，而把前者称为"见识"。"见识"主要得自于亲身经历，它有别于纸上谈兵。这也就是为什么这些年来我在回答很多中国学生和家长们的问题——"您怎么看'远距离上课学习'(distance-learning)和外国大学在华的合作项目特别是合办校区？该不该去上这样的课目拿它们的学位？"——时我总是直言相告：如果你们家有条件的话，还是出国去学习一段时间好，因为"留学"的意义不仅仅是在课堂里读书，还包括在书本和课堂之外的广义学习、体验、取经。从你在国外或海外亲身接触和相处的人身上，你细心观察、琢磨乃至有选择地学习他(她)们如何做学问、如何做事业、如何做人，是会终身受益的。

读"天下"这本无字的大书，无始亦无终，无边又无际。我虽然多年来行走于东南西北方之间，用大脑读更用心灵读，也只是读了这本无字大书的前十几页——未来的那些篇章还漫长悠远着呢！

我与读者诸君分享自己读"天下"这本无字大书的心

得、灵感、体会，完全不是以板着面孔“哼哼教导”的方式——我家乡的识字农民早年讨厌透了说教型的各级干部，把他们自封自誉的谆谆教导一律改为“哼哼唧唧的教导”，简称“哼哼教导”。我拒绝“哼哼”，特地选择以面对面讲故事的风格来表达。原先我并不具备“本人会讲故事”的自我意识，最早告诉我“丁学良，你很会讲故事”的，是一位于1993—1995年期间在香港科技大学社会科学部任教、极富语言天赋的女同事。这位出身于香港的华人女士，不但粤语说得正宗，连潮州方言、客家话、普通话、英语，都说得流利顺畅。因为她有语言天赋，所以我们说普通话的一帮人在一起海阔天空摆龙门阵的时候，她也会兴致勃勃地参与。那一天下午我正在香港科大的人文社会科学院的小会议室，对华人同事们讲外号“许和尚”的许世友上将的故事。1966—1968年的无产阶级文化大革命高潮期间，时任南京大军区司令员的许世友有一个从前做过他卫士班长的姓丁（与本人无关）的下属，在我家乡安徽省宣城荣任一个农垦师的师长，许司令就把他的两个孩子交付给这位丁师长照顾。在那个大动乱的年代，不能泄露许世友是他们爸爸的真实身份，但这两个孩子毕竟出身不凡，言语中偶尔透口风，便差一点儿泄露了天机。“我们家在南京，到我们家来的叔叔都是大胖子。”某一日年纪较小的那个男孩对周围宣城本地的小伙伴们这么说。宣城的孩子们一听就傻了眼：那个年头全宣城县县城数万人里面，也就是三五个大胖子，一个是县委书记，一个是县长，另外几个是县委大院食堂里的炊事员。从南京来的那两个小孩家所有的客人都是大胖子,那还了得!那他们家爸爸肯定比县委书记、县长要大得多!

看官,此处不要小看了我们宣城的那些半大的孩子们,他们虽然没见过大世面,社会学、人类学的直觉敏感度却是足够高的:在那个物资普遍极度匮乏的年代,大胖子就是社会身份和政治地位的形象表征——哈佛大学当年的经济系讲座教授、西方最著名的科学技术史专家之一的戴维·兰德斯(David Landes),给我们讲授"经济发展"热门大课的首堂开场白就是:"衡量富国穷国的指标系统复杂多样,我们要花费整个半学年的课才能够把它们介绍一遍。不过有一条金科玉律你们倒可以拿着到处试用:穷国人民和富国人民都关心'吃'的问题,只是穷国人民关心的是怎么才能吃得饱,富国人民关心的是怎么才能吃得不发胖。"

记得1999年春末夏初,我们一行二十多人在吉林省延边自治州延吉市开完全国"世界经济学会青年理事会"年会后,亲自赴朝鲜民主人民共和国考察。那时他们刚刚才有所谓的"具有朝鲜特色的经济特区"。我们一行人被安排在他们国家已故领导人早年享用的避暑山庄下榻,每天24小时都有特殊部门的便衣警卫礼貌而警觉地陪伴着我们。双方相处稍微熟悉了一点,他们便悄悄地问:"你们都是中国的大领导大干部吧?"我们很诧异他们接待方怎么会有这样的信息——我们其实全都是手无实权的大学教师和研究机构里的青年专家,他们便据实相告:"因为你们都是胖子。"

因为我们在他们城乡参观，到处目击的都是普遍偏瘦的老百姓，“唯二”的胖子就是挂在墙上的那两幅领袖画像。

考察完毕在离开朝鲜回到中国边境的前一刻，我感慨地对身边的两位年轻的老朋友邵主编、冯副主编（当时屈居副职，如今早已经是一家中国出版的英文经济评论杂志的正主编了）说：“邓小平的改革开放，二十年间使我们一步从匮乏社会跨进了中等发展程度的国家，我们的腰围就是铁证。”确实，二十世纪九十年代后期朝鲜人看去他们国家访问的中国人，就像二十世纪七十年代后期我们看来到中国访问的西方人：“这些家伙日子过得真好，一个个吃得那么白白胖胖！”

那一天下午我在香港科技大学人文社会科学学院小会议室里，就着冰镇的日本清酒，讲着许世友的孩子们和大胖子叔叔们，讲着许司令到宣城来看望他的下属，屁股没坐稳就要去打猎，因为许司令讨厌吃猪圈里喂大的猪、鸡笼里养大的鸡，偏好吃山上奔跑的野猪、林里流窜的山鸡，而且一杆步枪举起来弹不虚发。不知不觉地，一点八公升的特大装日本清酒瓶里所剩无几了，我对许司令的描述也接近尾声，那位平时眼光颇苛刻的女同事最后真诚地对我赞了一句：“丁学良，你很会讲故事！”数年之后我在台湾出了一本当代社会史的小书，以讲故事的方式描述我曾经目击过的三次大革命之细枝末节，我的年纪尚不够老的老同学、著名经济学家大彬在他的美京华盛顿郊区的别墅里，通宵一气读完，两次从床上笑颠滚落地板。

事后想想，我会讲故事的本领多少也有些源头。我从小爱读旧小说，尤其是《三国演义》、《水浒》和《封神榜》。稍微长大了一点，又爱读《红楼梦》和《东周列国志》。再长大了一点，就酷爱读《史记》。司马迁伟大的讲故事的本领，把他生前两千年的中国历史，讲成了他身后两千年来中国史学家的不朽经典。我虽然不是史学家，却也从太史公那里承接了一点点讲故事的灵气。

但我这点讲故事的本领，若无几位年轻编辑们的鼎力相助，也是成不了篇章的。这其中特别要感谢的，是《南方周末—名牌》杂志的编辑黄惊涛、周筱赟、严晓霖，这三位著名的才子才女在他(她)们当年的顶头上司向熹和李红平的支持下，屡断屡续，前仆后继，把我历年来讲的故事，一篇篇及时整理出来，变作了《名牌》杂志的专栏文章——这个专栏后来被我命名为“愿生汉唐”，以表明我最心仪向往的活着的方式——并赢得了不少读者的喜爱。其中有一篇贴上了前《名牌》杂志领导人之一的博客后不到一个星期，阅读者点击量达到二十四万。我这次编辑成书的过程中所依据的脚本，大多数是经他们三位之手整理过的专栏文章。尤其是江南才女严晓霖精心妙手下烹出的文字，真如同我俩家乡的野生鲜鱼熬的汤，直令人品尝后嫌碗太浅、嫌勺太细！当然，我对所有的篇章都是从头到尾作了全面修订和大量的补充、扩展。修订的多半是我通过长途电话——有时还是国际长途——口述时，因为我的普通话欠标准而导致的对方误听误解误记；补充扩展的是那些因为杂志篇幅所限而忍痛割舍的部分，新增补的数量相当可观。我相信经过这样系统的修订扩充，我读“天下”无字大书的心得、灵感、体会，将会更饱满、更滋润地呈现在读者们面前。

编辑成书的过程中我没有改动的，是那种口述故事原有的aroma——这个词是西方葡萄酒评鉴者圈子里常用的一个术语，指天然的、特有的、淡雅且持久的香味。我希望有心人在读这些故事的时候，能够体验出它们内有的、些微的陈年红葡萄酒的气味。

渔父醉，蓑衣舞。醉里却寻归路。轻舟短棹任斜横，醒后不知何处。

渔父醒，春江午。梦断落花飞絮。酒醒还醉醉还醒，一笑人间今古。

这首苏东坡《渔父》(誊录核对于中华书局1999年版《全宋词》)所勾勒的境界，正是我行走于东南西北方之间经年里感觉着越走越近却仿佛永世也达不到的彼岸。

最后我要致谢的，当然是北京大学出版社的资深编辑周雁翎博士和姚成龙先生，以及后者的接力人刘军博士。我很幸运，在出版我过去最重要的一本中文著作《什么是世界一流大学?》(北京大学出版社2004年12月第一版)的前夕，就认识了他们这样极为敬业的文人型出版家和编辑。他们当时就催促我赶快把游学天下的文字整理出书，说你仅仅抽象地宣讲世界一流大学的道理还远远不够，应该佐之以亲身在国外卓越高校里的所见所闻，那样就把什么是世界一流大学的骨骼血肉和盘托出。他们还以二十世纪上半叶的实例，论证中国人海外留学经历成书后影响了多少青年学生！我立刻被他们说服，发誓立刻动手，谁知饭碗干扰，一拖就是六年有余，拖到姚成龙先生已经变成另一个编辑室的主管，拖到刘军博士前仆后继。不过我们虽然共识多多，还是发生了一点小争论：他们说你这本集子里从头到尾讲的都是你怎么“读”他人它事，没有系统地讲到你自己的治学经历和学术成果，别人就“读”不到你——你也得让年青一代的读者们有机会在这本集子里细细地“读”你呀！

我很感谢他们的良好用心，但是我告诉他们：我患有不可自拔的“谦虚谨慎综合症”——这是我原来在香港科技大学的同事、现任上海中欧工商管理学院经济系核心教授的朱天博士对我的定论。他的办公室与我的办公室紧挨着达七年之久，对我的观察“入骨四分”——我确实从来没练就那份胆量，在自己的书里说自己怎么行怎么行。为了使读者稍微对我读书治学的心态有点了解，我把当年一篇关于读书目的和取向的经验之谈（原为口头谈话，从头至尾由《中国法律》主编董彦斌精心劳作成文）收了进来，作为全书的倒数第一篇。

初稿于2007年8月22日从香港至波士顿的飞机上
完稿于2011年4月5日从香港至洛杉矶的飞机上

目　录

引我入绛红大门的人

哈佛大学政府系讲座教授马若德

- 只有懂得历史的人，方可预测未来
- 研究中国“文化大革命”的西方世界头号学者
- 进入哈佛的引路人
- 另一场“文化革命”

在马若德教授家,家宴丰盛在美酒

自从进入二十一世纪以来，人们对于以下这类原本是“重大国际新闻”的事务已经变得熟视无睹甚至懒得去关注了：每年中国和美国的高层领导人都要互访一两次，有时甚至两国的“高官大部队”多次往返北京和美京（华盛顿）之间。他们除了处理突发性事件外，最常规性质的话题乃是两国之间的经济和贸易关系，以及双边关系对全球经济贸易格局的巨大影响。到了二十一世纪头十年结束的关节点上，两国关系就进入了“清官难断家务事”的美妙境界，经常为钞票（兑换率、国债券、进出口额、外汇储备、产业补贴等等）公开吵架几乎到了要拍桌子骂娘的地步。这里面透露出的信息人人皆知，那就是在三十来年的发展过程中，中国已经从世界上最穷困国家的那个“光荣”层次上走了出来。在全世界，只要一谈到经贸关系，任何国家都不会无视中国——即便许多老外是以讨厌的眼光看着中国当今的经济再崛起。

只有懂得历史的人，方可预测未来

这当然令我这样常年游走列国的穷读书人有很多很微妙很错综很复杂的感受，往往会刺激我回想起遥远过去的一些看似细枝末节的经历。三十多年前的 1980 年 2 月 8 日，也就是中国人的春节期间，在风行全球的英国《经济学人》（*The Economist*）周刊上，刊登了一篇很长的文章，The Post-Confucian Challenge，通常被翻译成中文叫“后儒教的挑战”——“后儒教”指的是把现代工业制度与一部分的儒家文化传统结合起来的那几个东亚社会，也有俗人俗称之为“筷子社会”。这篇文章起势不凡：“自从工业革命发动以来的二百多年里，西方一直在主导着这个世界，而今天这个主导地位受到了威胁。威胁不是来自于俄国人，他们至少在部分上还是西方传统的后裔；威胁也不是来自于阿拉伯世界，因为等到他们沙漠底下的石油越来越少的时候，他们对西方的压力就会减弱。西方今天所受到的威胁，根本是来自于那些继承了儒教文化的东亚人。迄今为止，只有他们才对西方的经济、政治乃至军事提出了真正的挑战。”

这篇文章还特别提到，在 1970 年代后期的那几年内，日本对美国的挑战和压力极其巨大，在很多重要的产业里使美国人招架不住。紧跟在日本后面对西方构成深刻影响的是“四小龙”，即韩国以及属于“大中华圈”的新加坡半岛、台湾岛和香港半岛。但是，文章的画龙点睛之处是末尾讲到的一种规模巨大的可能：“在以后的几十年里，四个现代化的政策如果能够使中国内地得到转变，那么，一个经济强力的中心将在东方兴起。而相对于这个中心而言，‘四小龙’的经济奇迹，也只不过是太阳边上的一点光晕而已。”

这篇文章的作者就是马若德(Roderick MacFarquhar，也有把他的名字按发音翻译成“麦克法库尔”的)。在三十余年以前，就能够清楚和明白地描述出这种历史的大趋势，胆敢做出这么伟大的预言，真是让人非常佩服。汉语的“预言”在英语中有含义不尽一致的两个对应词，一个是 Prediction，主要用来指对社会、政治、经济事务的发展做出精确细致的“预言”，但是这些事务往往是很难准确预言的。另外一个词叫 Forecast，主要用来指“天气预报”——一般来讲，像天气状况这种概率式的消息还是能够“预报”的。预言未来是一件很难的事情，但是在这一点上，马若德基本上还是相当靠谱地预言了中国过去三十年的经济发展大趋势。我觉得这是一个很准确的大“天气预报”，说明预言者是一个颇懂得中国政治、社会、经济走向的长程“气象预报员”。

那么，我们得问问，是什么样的一种知识背景，使得马若德这位洋人学者，能够对中国的经济再崛起有这么敏感而又具透视力的远瞻呢？本人认定，是因为马若德具有浓烈的历史感——只有懂得历史的人，才能够预测未来。

研究中国“文化大革命”的西方世界头号学者

在二十世纪中后期的美国，有一位研究中国问题的史学大宗师，叫费正清(John King Fairbank)。他开辟了研究中国的新潮流，从某种意义上来讲，是从他开始，美国才成为全世界研究中国的首要重镇。费正清虽然只是研究中国问题的历史学家，但是他却成了美国历史学会第一个并非研究美国历史的主席。在哈佛，与费正清同时期的还有一位地位尊崇的教授叫本杰明·史华慈(Benjamin Schwartz)，他比费正清年轻几岁。正是因为哈佛同时有了史华慈与费正清，才使得该校在中国研究方面简直天下无敌。史华慈在英文世界被称为是研究中国文化和历史的“祭酒”，为人也极厚道谦和。我有三年多时间跟他住在同一条小街 Kirkland Street 上，相距不过三四十公尺，常和他在小街口路遇，闲聊几句。有次老爷子（他长得侧面有点像爱因斯坦，也是犹太人）跟我聊起了兴致，非让我到他家看看他很多年以前——大约是我们这代人穿开裆裤的时候——花了八万美元买的古旧砖楼。那栋小楼藏匿在一个深深的半圆形院子里，覆盖着长长密密的绿藤红叶，现在已经价值数百万。

而马若德这位研究中国“文化大革命”的世界头号学者，正是费正清的弟子，也是史华慈退休以后的那个 Leroy B. Williams Professor of History and Political Science 讲席之接任者。他不仅做过哈佛大学政府系的两届系主任，也曾做过三届“费正清亚洲研究中心”的主任，并且他二十九岁时就在英国创办了 *The China Quarterly*（《中国季刊》）——如今，它在全世界研究中国的英文学术刊物中是最具影响力的。他访问过中国几十次，中国老一辈的领导人，除了毛泽东以外，其他的像周恩来、华国锋、邓小平等人都曾会见过。他的结发夫人在任《美国新闻与世界报道》杂志的国际专栏主编期间，会见过老一辈之后的中国核心领导人，曾经给我描述过会见谈话的一些生动细节。

我第一次见到马若德，是在他 1983 年夏天访问中国期间。他在中国社会科学院做了一个有关中国“文化大革命”

的专题讲座，那一年他刚刚出版了 *The Origins of the Cultural Revolution*（《中国文化大革命的起源》）系列研究的第二卷。这总共三大卷1700页的巨作，后来在1999年获得了"亚洲研究学会"备受尊敬的 Joseph R. Levenson Prize 奖。该项学术奖是为了纪念1969年不幸英年早逝的 Joseph R. Levenson，他生前在加州大学伯克利校区任教，在国际上被广泛认为是治中国史的大才子。以他命名的这个奖，专为英语世界关于二十世纪的中国历史优秀研究成果而设。马若德在《中国文化大革命的起源》三卷本的基础上，后来又埋头苦干多年，完成了 *Mao's Last Revolution*（《毛泽东最后的革命》，香港星克尔出版公司2009年有中文译本发行），把中国"文化大革命"从头到尾给整完了一遍。

他那次访华的时候，我正在中国社科院马列主义研究所工作。因为我刚刚获得了中华人民共和国成立后的第一届中国社会科学中青年优秀论文一等奖，作为国内青年学者的代表，有机会参与接待他的事宜，可以与他多次面谈。没有组织上的安排，像我们这个档次的小青年，是不可以随随便便跟老外直接接触的，万一受了他们的"精神污染"怎么办？因为跟马若德有了几次交谈，我也受到英国驻华大使伉俪的邀请，参加了为他举行的一个大型欢送酒会。酒会在8月6日晚上6时举行，我至今还保存着那份正式请帖。为什么他这个美国大学教授访华，英国大使及夫人要举行隆重的酒会呢？——是因为马若德出生于英国的望族。他的父亲是个职业外交家，做过联合国人事部的部长。

第二次世界大战之后，巴基斯坦刚刚从英国独立出来还未正式建国，暂时在联合国的托管之下，他的父亲那个时候就是联合国托管巴基斯坦的第一号或者是第二号官员。因为他父亲在外交界长期杰出的服务，后来还被英国女王授予了"大不列颠帝国高级勋位爵士"的爵位。马若德是这个显赫贵族家庭的独生子，但他自己却成了英国的一个民主社会主义者。他从政的时候参加的两个政党都属于英国政治制度下的左派党。他先是参加了工党，然后他可能嫌工党还不够"左"，又参加了社会民主党。他当选过一届英国下议院的议员，也做过好几任英国的高级文官。在从政之前，马若德还有过一段有趣的新闻界从业史，做过 BBC 国际新闻的主持人。我看过他原来主持节目的纪录片，他那时真是帅哥一个！马若德在政界干了几年之后，第二次出来竞选没有成功，于是他干脆就进入学术界，主要是做中国研究，包括与中国有重要国际关系的区域研究。

马若德是威尔士人，他是在牛津大学读的法律和历史学本科，硕士学位是在哈佛大学师从费正清，而博士学位是他用已经发表过的专著在英国伦敦政治经济学院申请到的。1980 年代初期，美国要加强对毛泽东之后力图现代化的中国的研究和教学，结果哈佛大学就把他从英国挖过来了，那时他已经在学术界功成名就。他到了哈佛之后，政府系和历史系同时给了他教席。

在马若德访华的那十来天里，我用非常蹩脚的英文跟他谨慎、小心地交谈过几次。有一次他还跟我开玩笑，问我平时干什么,我说平时都是看书。他又问我看书以后做什么,我说看书之后累了就睡觉,他又问:“那你在看书和睡觉之间干什么?”我对他说看书和睡觉之间就是锻炼身体,跑长跑,跑完了就学青年毛泽东洗冷水澡,以锻炼革命意志。我给他的印象是那个时代一个典型的中国革命青年的样子。

我记得英国大使馆为他举行的正式欢送酒会之后两天,马若德又自掏腰包在北京东交民巷当时刚一开张便名声大振的松鹤楼饭庄举行了一次告别答谢宴会,那次是我有生以来第一次被人教导怎么去喝西方风格的葡萄酒。那天宴会上开了两瓶茅台,两瓶天津王朝半干白葡萄酒。那年头中国本土的葡萄酒是没有“干”“半干”“不干”的区别的,统统加糖酿造。我当时很惊讶:葡萄酒怎么还有“干”和“半干”的呢,酒是液体,“干”了不就是没有了吗?而且,喝酒都是要“干杯”的,“半干”不是对人不礼貌吗?我就问马若德,他说中国式的葡萄酒是有糖分的,如果抽取掉酒里的糖分,就变成“干”的了,这样一解释,我才明白过来。正是这一次“半干”,既令我后来有了进入哈佛大学念书的机会,也使我对西方的葡萄酒产生了兴趣。

进入哈佛的引路人

一年以后,我去了美国匹兹堡大学读书。出国之前,我的恩师苏绍智先生给我开了几个他熟识的美国资深望重的学者的名单，其中第一位就是马若德。我一到美国，马上就跟他联系，他马上就说，要安排请我去哈佛大学做一场小型学术报告，这对于一个初到美国去念书的学生是非常了不得的事情。我虽然是拿匹兹堡大学最高奖学金“校长奖学金”去的美国，但是说老实话，那时候我的那个水平的英语在班上是经常受两个美国同学歧视的。我听也听不懂，讲也讲不清，那种歧视都已经写在他们的脸上和眼神里面了，意思是你这号傻瓜还配到我们美国来读书拿学位？这让我很难受。当他们听说我要去哈佛发表一个 Talk 的时候，简直把他们给震傻了。

那次我在哈佛做报告，经过马若德的安排，来了很多人。我的英语口语水平实在是太初级阶段了，实在讲不清楚的时候我就只能在黑板上画示意图。我是不得已而为之，谁知道这一点使在场的一位大学者看在眼里，也记在心上。这个大学者是 Harris White，他是哈佛大学社会学系最有名的教授之一，也是社会学系研究生项目的主任。他是世界上用数学方式来研究社会网络的开山鼻祖之一，这个人原来是麻省理工学院(MIT)学数学出身的，这使他在研究社会问题时很喜欢画图。他发现我也喜欢画图，合他的风格，不过我喜欢画图不是因为我的数学很好，而是因为我的英语太差。他由此认为我的思路清晰条理分明，其实我只能算是歪打正着，口吃说不清唱歌代替，被人误以为是艺术天才。

马若德真是一个非常用心的人。正是由于他认为我到哈佛去念书对我的视野拓展、专业发展更好，所以他就把哈佛与我的专业学习相关的最重要的几个教授都邀请来听我的演讲，让我有机会跟他们当面交流。就是那次报告会之后，哈佛大学文理学院开始认真考虑，要我到哈佛去念书。1984 年 11 月份，我提出了书面申请，过了一个多月就被录取了。为了让我能够全力集中在学业上，马若德特意推荐我申请到了两份奖学金，一份是哈佛大学的，一份是福特基金会的，那时候他已经是费正清东亚研究中心的主任了。正是马若德把我引入了哈佛的大门，这就是为什么我在我的《液体的回忆——水、泪、血、酒中的三次革命回忆录》(台湾联经出版公司 2004 年版)一书的扉页，写着将该书敬献给他的原因。

我在哈佛申报念的是社会学系，马若德在我入学后不久曾很婉转地问我，为什么不申报到哈佛政府系去读博士呢？现在回想起来当初的情境，我真是感慨万千！哈佛的政治科学系不叫 Department of Political Science，而是叫 Department of Government，直译就是“政府系”。虽然我进哈佛是美国人给的钱，但是身份上属于“自费公派”——那个年代我们这样在国内拿过硕士学位的出国深造，都必须强行摊派到“公派”一档——在选择系科时还得跟国内方面通通气。国内有关方面认为，进“政府系”好像不是去做学问，倒好像是去跟美国政府搞到一起。就是因为“政府系”这个字眼显得太敏感，国内认为我进政府系是去搞政治而不是搞学问，导致了关怀备至的误解。如果我进了政府系的话，我今天研究的比较现代化、国际竞争和国际政治关系这些领域，哈佛大学政府系肯定能给我提供一个更大的平台，所以我一直都挺后悔。

虽然我进哈佛后与马若德在不同的系，但是我们经常会在一起，我也听过他的课。他的口才非常好，大约是在1987年初，那时候哈佛要加强对本科生全球视野的教育，就增加开设了几门外国文化(Foreign Culture)课程，当时的校长Derek Bok建议他新开一门有关中国“文化大革命”的课。马若德很受诱惑也颇为踌躇，觉得像中国“文化大革命”这么复杂的大事件，是很难给这些美国十九、二十岁的年轻人讲清楚的。而当马若德1988年9月开了这门课后，哈佛校园里出现了谁也没有料到的场面：竟然有上千的学生要选修这门课，哈佛还没有这么大的教室，容纳不下这么多的学生，怎么办呢？哈佛校园里有个很古老的像文物一样的剧场Sanders Theater，平时不怎么使用，只有在举行重大仪式时才启用(我们研究生院毕业生获授博士学位的典礼就是在那里面进行)。不过这个剧场也只能坐进去八百来人，最后只能靠“摇彩”选定，“摇”中了就来上，“摇”不中的第二年再来听课。那段时期我刚好是他的助教，亲眼见识了马若德的口才，面对那么多人，他不用讲稿滔滔不绝两个小时，讲的内容精彩万分。到2008—2009学年，这门课已经讲了整整二十年(这第二十年“金盆洗手”极具纪念意义的班里有一个学生，令马若德特别欣慰)，成为哈佛校园里legendary，即“传奇性”的课程之一了。

另一场“文化革命”

我经常可以感受到马若德待人的真情厚意。他虽然出身外交世家，但是他这个人一点都不口是心非。他不虚伪，不做作，倒有几分赤子童心。他知道我这个人又爱吃又爱喝，又没钱吃好喝好，所以经常请我到他家里，用家宴款待我。他的太太当时是英国《经济学人》杂志驻波士顿的主任编辑，经常要到欧洲去。有天她不在家，马若德跟我在他的办公室里聊天，波士顿的冬天，雪下得很厚，我们谈了很多学术问题。谈到兴起，他说我知道你们中国人是很会做菜的，今天我请你到我家做客，Emily（他太太）出差了，没人给我们做好吃的，不过我今天不要你帮忙，“今天我来露一手，为你做地道英国煎牛排”。这样讲了之后，这个英国贵族却连牛排在哪儿都找不到。找了半天，从冰箱里找到了大块牛排，也没有解冻就直接放到平底锅里煎了起来。我也不好意思去讲，因为他一副很自信的样子。结果牛排端出来，用叉子往里一叉，全部都透着红血，让他很是难堪。他颇为尴尬地对我说：“这个煎牛排的事情就让我们忘记它吧，现在我来给你做第二道菜。”他信誓旦旦地说第二道菜一定会超过第一道菜——你知道第二道菜是什么吗？——煎鸡蛋！——那是再容易不过的事情。我俩就着六个煎鸡蛋下酒，倒也没少喝。他说你别客气，要多来两三个我再去煎。

好多年以后我才偶然得知，英国的上流社会对煎鸡蛋下威士忌烈酒并不觉得什么不合适。据英国媒体2010年10月30日报道：

> 近日英国前首相撒切尔夫人的上百份私人档案首次公开，一本夹着减肥食谱小纸条的个人日记簿曝光了这位“铁娘子”的减肥秘诀。1979年，撒切尔夫人为了以最好的身材体型登上英国历史上第一位女首相的宝座，在就职大典前每周吃28枚鸡蛋减肥。餐单上的另类“减肥圣品”还包括少量威士忌烈酒，它标榜能让她在两周内减掉18斤肉。根据这份食谱，撒切尔夫人每天的早餐必须是鸡蛋，周一至周五的午餐里也必须吃鸡蛋。只有在晚餐时，撒切尔夫人才不必吞蛋。另外，在不吃肉的时候，她可以喝威士忌酒。餐单上没有提及其他酒类，这显示了它是为撒切尔夫人量身定做的饮食计划，因为她长期喝兑水的威士忌烈酒，酒瘾很难一下子戒掉。这张写着《马友诊所饮食规定》的减肥餐单还特别警告，按照这个食谱，撒切尔夫人的减肥时间不得连续超过两周。马友诊所是一个知名的美国健康集团，它今天的新一代营养师却不认同这个三十年前的减肥计划，认为它会引起“肠胃副作用”，导致减肥者出现便秘等问题。

马若德还曾经正式请我到哈佛的教授俱乐部这样很高档的地方去用过几次餐。为什么要花这笔不小的私钱（美国很少有公款请客，资本主义国家很小气）？用他自己的话来讲，就是你小丁到这里来念书，对你来说，也是一场“文化革命”，意思是你不仅要念书，也要接受西方文化的熏陶。

哈佛的教授俱乐部是不对外开放的，只有哈佛的教授才可以在里面吃饭，我第一次在那里面见到了种种美国上流社会的景象，看到了那种老牌知识精英们的生活方式。还有一次，马若德受美国文理科学院(The American Academy of Arts and Sciences)之邀，去那里发表年度演讲，那是一个很盛大、很庄严的场合，马若德发了正式请柬给我，邀请我出席。在去之前，他让我先去他家一下，后来我才知道，为什么他要我先到他家里去：他生怕我的穿着在那个场合不协调。我那时候是个百分之九十九点五的土包子，刚刚从百分之百的境界走出来——在到美国去之前从来没有出过国，从来没有坐过飞机，第一次坐飞机就是去美国，我那时只有一套很廉价的西装。那天，他穿着最好的黑色西装，贵族派头十足。我一下子就觉得，马若德是在有意地让我感受高端西方文化的陶冶。这种细心和爱护，让我无法忘怀。1987 年春天，费正清八十大寿，哈佛大学费正清东亚研究中心为他祝寿，马若德特地挑选了我，作为唯一的外国在校留学生的代表，发表简短的祝寿辞，让我深感荣幸之至。

中国在 1980 年代初期刚刚推动改革开放，万事不尽如人意。有一次跟马若德散步，他说，中华文明的过去太光荣了，在鸦片战争之前的两千多年历史里，中国绝大部分时候是以“文明中心”的地位，来教导和开化周围的那些“野蛮社会”。如今，这样的一种中心文明突然要弯下腰去向西方、向另一种文明学习，肯定是一个很痛苦很屈辱当然也很困难的过程。所以，“对于你这样的中国年青一代来讲，在走向四个现代化的路上，不能脱离这样一个两千多年的大背景来看，遇到困难也要从这个大背景去理解”。这种视野对于我和我们中国，是何等的宽容和爱护！这也就是为什么我感到研究中国问题的人，必须要有一种强烈的历史感。当然，这种历史感不仅仅跟马若德研究中国问题有关，也跟他本人的家庭背景有关。他是英国的贵族，英国本来被称为“日不落帝国”，曾经领工业革命之风骚，但是近两三百年来也慢慢地衰落了，至少是相对地衰落了。他自然对大国之兴衰，有无尽的感受和重重的反思。

马若德的身体很好，虽然他从不体育锻炼。有次我们在哈佛校园里散步，看到身边跑步过去的人，他问我，你现在还长跑吗？我说我已经不每天长跑了，因为美国的路上汽车太多。然后他就指着那些上气不接下气跑步的人开玩笑说：“你看，他们又在对他们自己施‘酷刑’了。”2006 年初夏他访问香港，我们已经有好几年没见面了，在我的想象中，以为七十五岁的他都已经老态龙钟了，但是他看上去还是那么年轻、开朗、身心健康。那天我带了两瓶酒，一瓶是 1997 年从澳大利亚带回来的红葡萄酒，一瓶是很多年以前别人送我的湖南“酒鬼”。葡萄酒喝完了之后，我把“酒鬼”打开，马若德的新夫人（很不幸的是，他的结发妻子几年前已经病逝了）劝阻他，他说我就尝一尝它的味道，只喝“一滴”。结果我们两个是一滴一滴又一滴，一滴一滴又一滴，最后那个瓶子里就只剩下三五滴了。他的配偶在旁边看着，说你们的关系不是一般的，你们看起来就像父子一样。

是的，这就是我与马若德的"忘年交情"。

2007年8月中下旬，时隔十四年又五个月之后，我首次重返母校。事先我电邮马若德，他说你无论如何也要来一趟我的"夏宫"(Summer Palace)。这是我对他位于波士顿北边两百多公里一处森林里的老房子的戏称，他夏天多数日子住在那里避暑写作。我们中国人称为"颐和园"的那片园林，英文就译作Summer Palace，因为当年它是清朝皇家的夏天避暑胜地。我们的老朋友、哈佛大学东亚图书馆主馆员Nancy亲自驾车，送我们赴"夏宫"之午宴。离那儿还有二十多公里我们进入密林，道路起起伏伏弯弯曲曲，两旁金黄色的落叶层层叠叠，忽然间Nancy惊诧一声："嘿，那是他的车！"抬眼望去，路边一辆大号凌志车，车首前立着一位高高挺拔的长者，戴着鸭舌扁帽，满脸孩子气地拦截住我们——他要给我们一个不备的惊喜。

我抢步上前，紧紧地搂住他。几滴热泪，从我俩的脸上悄然而下。

“苍天在上，你不可懈怠！”

哈佛大学社会学系讲座教授贝尔

- 忆苦思甜
- 永远的心头之痛
- 附录

贝尔教授祝贺我获得博士学位

正当这本小书编辑完毕准备交付印刷之际，我刚刚从日本参加东京地区多所大学2011年联席研讨会返回香港。清早六点钟一打开电脑，就看到我在美国留学期间最亲近的小兄弟、我们一起在哈佛文理研究院读博士学位的同届不同系的校友凯尔的电子邮件——他近年来忙到难得一年发送我三条电邮——标题便是"Daniel Bell"尊名。我立时萌生不祥之感，果不其然：

Thursday, January 27, 2011, 7:21 pm.

Condolences, old friend, on the passing of your mentor. He was pleased to hear your name whenever I mentioned it through the years. He was quite a force of intellect.

Kal

[请接受我的安慰，老朋友，你的导师去世了。过去这些年里每次我见到他提起你的名字的时候，他都欣悦有加。他是一位真正的智力伟人。

凯尔　周四，2011年1月27日，下午7点21分]

我搜索了一下，英文报刊和文化学术网站的报道已经有许多条，其中以《纽约时报》于贝尔先生逝世当天1月25日发布的评论性讣告最为言简意赅。该文在贝尔的等身著作里，着重提及在国际学术界和社会思想史上撞击力特别强、穿透力特别深的三部：《意识形态的终结》、《工业化后社会的来临》、《资本主义的文化矛盾》，以及他和克立斯托尔

(Irving Kristol)一道创刊、日后成为全美国对国内政策影响最大的刊物《公共利益》杂志。《纽约时报》的评论性讣告说:在苏联体系崩溃二十年之前,贝尔就剖明它的意识形态越来越失去政治活力,靠对未来千年盛世的预言许诺来鼓动民众牺牲的说辞正耗尽元气,这便为新观念打开了激励人心和行动的空间。在 1970 年代初期,贝尔瞻望到以制造业为基础的发达国家,即将迈入以服务业——其核心是科学知识的创造及其技术应用——为经济的主要增长源泉。贝尔四十多年前同时也指出,西方资本主义愈益依赖于以信用卡为手段的大众消费,刺激物质享受贪得无厌,私人债务日积月累,销蚀着韦伯和陶尼(R. H. Tawney)所推崇的资本主义起步时期的一整套价值观。

多位英文网站上的评论员当然也忘不了引用贝尔早年自我定位的那句“三位一体”的名言:“在经济领域里我是社会主义者,在政治领域里我是自由主义者,在文化领域里我是保守主义者。”贝尔虽然被视为新保守主义的大宗师之一,倒是他的老同学、老战友克立斯托尔对他有深度理解,称他为“新保守主义阵营里最具有社会民主主义心胸的一位”。我翻出珍藏的贝尔老先生当年对我读书报告的批语、他讲课纲要的原稿、签名送我的所有著作、写给我的信件,里面处处透露出这种博采社会主义、自由主义、保守主义众家之长的批判思路和普世关切。他寄送我的最后一本书是 2002 年元月签名的刚刚发行的第三版《激进的右派》(*The Radical Right. Third Edition*),此书第一版是 1955 年编辑发行的。我收到的他邮寄给我的最后一封老式信件——出自于他用了好多年的那架古典打字机，上面有他手写的更正字母——署着 2002 年 4 月 22 日的日期，从那以后他的身体状况就显著下降。

他邮寄给我的信件中，有一封相当特别，是 2001 年 12 月 11 日发出的，里面夹着一张日本印制的画片，是在日本古墓里出土的中国文物，看起来像一架古代的灯座，其实是一座小型的绿釉陶瓷楼阁，老先生不认识画片背面的汉字和日文，也许把它当做了灯座。老先生写道："眼下正值 Channukah，犹太人的灯光节，它是纪念基督诞生前一世纪犹太人反抗叙利亚统治的那场有名的战斗。当犹太战士们重新夺回圣殿的时候，他们发现圣灯座（叫做 Menorah）旁只剩下一点点灯油。根据传说，奇迹出现了，那一点点灯油持续燃了八天八夜，直到更多灯油被找来为止。所以后来全世界的犹太人——包括旅居香港的——都会在已经名为 Menorah 的纪念期点燃一支蜡烛，连续八天八夜。今天晚上马若德教授和他的儿子要来我们家聚餐，我们将点燃一支蜡烛，也将为你的健康喝一杯。"

我要在明年老先生的冥辰，点燃一支蜡烛。

忆苦思甜

这些年来在跟中国记者和欲留学者交谈的时候，我常坦诚相告：本人虽然一生吃苦多多，如果要数头三件最最苦的经历，那就少不了留学生涯。我这么说，并不是在刻意模仿“反美愤青”，靠大骂美帝国主义生财致富。当年在美国留学真是痛苦，既有智力上的痛苦，也有心灵上的痛苦，让我先从第一种痛苦说起。大约是1987年的夏天，在回答赴哈佛大学采访华人留学生的一位资深香港记者张女士时，我曾这么说过：

> 最早我来到美国的时候，感到自己到这儿来是吃亏了。我念的是社会科学，语言非常非常重要。跑到美国来以后，自己原先在中国国内的所有长处都顿时变成了短处，简直是“扬短避长”，感到很憋气。由于在学业方面有很大的压力，以至于想一些自己感兴趣的问题、看一些中文报刊的时间都没有，真是主动跑到美国来受“洋罪”！
>
> 这是第一阶段的感觉，当时认为真不应该来。来美国之前，我们对美国的研究生训练要求不够了解。在想象中，美国学生一定很懂得享受人生，喝喝酒，跳跳舞，谈谈恋爱，大概就是美国学生的生活了。以后美国朋友们告诉我，我对美国学生生活的想象，只适合于普通的也就是二三流大学的本科生——最优秀的美国大学的本科学生特别是研究生，可没有这个福气了。
>
> 我在国内的时候，已经在上海的复旦大学念过三年硕士。原本想，像我这样的基础来到美国学习，虽然有一定的困难，但不会太大。没料到这个估计是乐观过了头，整个人被牵着鼻子转，一点知识性的活动余地

都没有。我想很多到美国来念书的中国内地的同学都跟我差不多。事实上，我们能够来，都算是在国内千挑百选的了，对自己很有自信心，不知道语言的障碍竟是那样大！

除了语言问题之外，美国研究型大学的博士训练大纲，要求是很全面的，有它固定的计划和编排，不能说你对什么课程感兴趣就念什么，不感兴趣的就不碰。可是像我这样的人，已经有了一定的生活经历，专业方面有了一定的背景，想研究的问题，在来美国以前已经基本形成了。到美国来只是希望通过对大千世界有新的了解，找到更好的方法，来研究一些我们早已经思考着的问题。因此我们可不是新出校门的大孩子，而是胸有成竹的青年知识分子。但是在美国的研究型大学念博士课程，就是不能按照自己的计划，得要满足它编制上的所有要求。

虽然很痛苦，可是为了面子问题，又不敢撒手回去。真是做了过河卒子，不能回头！

简单一句话，使我在智力上历经深厚痛苦的，就是在完完全全的英语环境中必须从头到尾煎熬博士训练的漫长全过程。尽管吃过这么多苦，但这智力上的痛苦也没有白吃，确实有很多的收获，而最大的收获是来自丹尼尔·贝尔教授的多种形式的指导。老先生成名很早，1987 年初秋，一家中国出版社来信征求贝尔的简历，以作为《社会科学人名辞典》的条目。我遵嘱把英文版的《名人大辞典》上的条目译

成中文,此处照原文附录如下:

丹尼尔·贝尔(Daniel Bell,1919—),著名的美国社会学家、思想家和社会科学界的活动家。1938年毕业于纽约市立学院,获得科学学士学位,继而入哥伦比亚大学,获博士学位。1945—1948年任芝加哥大学社会科学助理教授;1952—1958年任哥伦比亚大学社会学讲师,1958—1969年任该校社会学教授;1969年以后一直任哈佛大学社会学教授,1980年起享有该校"福特社会科学讲座教授"(Ford Professor of Social Sciences)名衔,1987—1988年期间赴英国剑桥大学主持"庇特荣誉教授(Pitt Professor)讲座"。除了在这些著名大学任教外,贝尔同时参与几家重要刊物的编辑工作。1939—1941年任《新领袖》(*The New Leader*)杂志撰稿人,自1941年起一直任其总编辑;1945—1958年任《财富》(*Fortune*)杂志常务编辑;创立《公共利益》(*The Public Interest*)杂志并担任它的出版委员会主席;现在是美国文理科学院机关刊物《戴达罗斯》(*Daedalus*)的编委。贝尔在社会科学界的活动涉及非常广泛。1964—1966年任"美国总统的技术、自动化和经济进展委员会"的委员;1966—1968年任美国"社会指标委员会"两主席之一;1966—1974年任美国文理科学院副院长和该院"2000年委员会"主席;1976—1979年任国际"经济合作和发展组织"(OECD)的美国代表;1980年起任"美国总统八十年代议程委员会"委员和该委员会有关能源和资源的小组委员会主席；现在担任美国“全国电脑和电信通讯研究理事会”委员、普林斯顿高等研究院董事、“对外关系委员会”和“世纪协会”委员。

贝尔的著作包括：《美国的马克思主义的社会主义史》(*History of Marxian Socialism in the U. S.*)[1952]、《新美国右派》(*The New American Right*)[1955]、《意识形态的终结》(*The End of Ideology*)[1960]、《激进的右派》(*The Radical Right*)[1963]、《通识教育的改革》(*The Reforming of General Education: The Columbia College Experience in Its National Setting*)[1966]、《走向2000年》(*Towards 2000 Year*)[1968]、《对抗》(*Confrontation*)[1969]、《今日资本主义》(*Capitalism Today*)[1971]、《第二次世界大战以来的社会科学》(*The Social Sciences since the Second World War*)[1979—80]、《曲径》(*The Winding Passage*)[1980]。贝尔的研究主题第一是社会科学的认识论基础。在这个领域里，他一反数百年来西方社会科学中占统治地位的整体论观点，主张在分析的意义上，应该把社会看作由技术—经济、政治和文化三方面所组成。这三方面不是被单个原则所统摄，而是各有自身的运作原则和变化节奏，现代社会内部的矛盾和张力就是因此而产生的。贝尔的第二个研究主题是社会变迁，焦点集中在技术和文化上，因为技术是社会变迁的动力源之一，而文化则关涉变迁的意义和精神世界的阐释。这两大焦点典型地体现在贝尔的两部代表作中,《工业化后社会的来临》(*The Coming of Post-Industrial Society*)[1973]和《资本主义的文化矛盾》(*The Cultural Contradictions of Capitalism*)[1976]。前书论证发达工业化国家(首先是美国)正在走向工业化后社会,其根本特征是理论科学和知识处于中心地位。后者分析当代资本主义的精神风尚越来越同资本主义的技术—经济活动原则发生冲突,这个为资本主义本身所创造的文化,也许会导致资本主义的解体。贝尔因其多方面的学术活动,1980年被推选为"对美国社会和文化影响最大的当代十大知识精英"之首。

我对老先生的著述和思想仰慕已久,就在1984年10月马若德安排我去哈佛作报告的那趟旅行期间,我第一次拜见了老先生,是在William James Hall四楼他的大办公室里。他送给我一本刚刚出来第二版的他的名著《工业化后社会的来临》,还把费孝通签名赠给他的两本书拿给我看。他说他很遗憾不懂中文,也不懂日文,虽然这两个东方大国有许多学者经常主动接触他。尤其是日本,几乎每年重金邀请他去作报告,因为日本精英阶层认为贝尔有关"工业化后社会"的研究给日本这样资源贫乏的工业大国指明了强化国际竞争力的方向,那就是提升信息产业的规模和水平,把耗能耗原料的旧式制造业转换成高技术含量、低损耗的新兴产业。我听着老先生的这番话多少有点暗自惭愧,因为日本竟然比我泱泱大国提前好几步领会了明日后天世界的发展大趋势。

就在这次拜见老先生的一个多小时中，他大概认可了我可以进哈佛大学的社会学系读博士学位。1985 年 6 月，在接到哈佛大学文理研究院的录取通知书后不久，所有的新研究生都收到了贝尔的一封信，信中首先列出他的“社会理论”必修课的六大架构，凸显了他授课方式的极具特色：

> 第一，社会理论的哲学基础：探究（inquiry）的性质，一般化（generalization）的性质，关于真理的理论，关于参照系（reference）的理论；
>
> 第二，社会理论的发展；
>
> 第三，当代社会学流派；
>
> 第四，社会科学诸学科的个别特征；
>
> 第五，比较社会结构；
>
> 第六，社会理论的主要概念。

然后老先生进一步列出他的必修课将要讨论的五个主要问题：

> 第一个问题，“知者与被知者”：一个人如何知道他所知的是什么？人怎样证实他所知的？是否存在“客观的知识”？概念架构（conceptual scheme）的性质是什么？是否可能把“事实”与“价值”区别开来？“解释”（explanation）的性质是什么？什么是“理论”？
>
> 第二个问题，“质与量”：对于知识来说，引进“有些东西是能够被度量的，有些不能”这一观念意味着什么？是否存在着这样一些人类经验，它们不能被数量化

或至少不能被分等评级？

第三个问题，“社会的还是单独的”：人的本性是社会的抑或单独的？若是社会的，个人主义的意义是什么？若从个性（personal identity）上说，人是单独的，那么，这是一种“虚构”呢，抑或是一个社会学的和心理学的事实？

第四个问题，“自然和社会”：自然里面是否有“隐而不显的秩序”？社会是自然的一部分吗？如果社会不是源于自然或自然的需要，还存在着哪些其他的源泉？

第五个问题，“历史学与社会学”：这两个学科各自的局限性是什么？各自处于抽象的哪一级层次上？社会学中是否可能存在某种“理论的”（即封闭的）体系？要么，存在着的是某种关于“发生事态”（emergence）的原则，这种原则植根于历史意识之中？社会学中是否可能有因果理论？抑或因果解释只能限于历史学中？因此之故，社会学主要是限于“意义”和“阐释”（interpretation）？（注：关于“因果”对“意义”（causality vs. meaning）、“解释”对“阐释”（explanation vs. interpretation）这两对概念在西方哲学中的艰涩含义，参见我在《韦伯的世界文明比较研究导论》一文中的讨论，原载北京《中国社会科学》1987年第1期。）

在这些问题之后，贝尔给我们开出了27本必读书，从苏格拉底前的古希腊哲学到当代实证主义和科学哲学，从经济学通论到历史学概论。老先生的用意很明确：虽然离新学年还有三个月，你们不要指望欢度暑假了。我心里刚刚露头的“这个夏天不能放过要抓紧机会轻松一下”的念头，马上就给镇压下去了。

老先生虽然非常权威主义，但并不独断。在同一封信里，他对我们提出的最后一个要求是："我已经概略地表明了我所想象的社会理论的架构和主题，你对此有什么反响？请来信列出你所希望增加的讨论主题和疑问，并请列出相应的书目。"我回信提出了两个主题——西方社会科学中关于非西方社会演化的诸种主要理论；革命与宗教。但是我没有增列很多书目，他列出的27本已经足够要俺们的小命了，还敢再加码？我揣想其他同学大概也是这么做的——以小人之心度君子之腹?!

当转到哈佛的时候，我已经度过了我留学生涯中最最可怕的阶段。语言上有了进步，再加上我喜好辩论的天性，美国人对此很买账，我对美国研究生的训练过程也有了一点粗浅的了解。此外，在贝尔所开列的27本书中，有一部分我已经在国内读过中译本，再读英文版就快一点，所以表现还不赖。第一学期结束时，我在电梯口遇到贝尔，他很高兴地拍拍我的肩膀，连用三个"Very good"夸奖了我的学期论文。我知道这一关过了！

我斗胆请求贝尔担任我的博士学位指导教授，他欣然应允。请老先生当导师确实需要"斗胆"，入学后上他的社会理论课的第一天，他就说道："也许你们中的有些人想请我做导师。我希望你们在作出决定之前，要三思而行。"因为他是个非常认真的人，大部分学生都不愿意跟在他后面成天超负荷运转。在我那一届二十来个同学里，只有我一个人成为他的学生。美国同学得知后,路上相遇打招呼时,经常笑着问候:“Ha, you're still surviving!”(“哈,你还活着呐!”)

由这时候起,开始了我们之间不同寻常的师生之交。

1986 年仲夏,贝尔把我喊到他家,对我说:“你在哈佛的第一学年已经结束了。从九月份开始的第二学年,我想对你做点特别的事。你来自一个具有自成体系的、与西方完全不同的文化和历史背景的国家。你现在所学的西方社会科学,它的全套假设和概念架构,或隐或显地,都是根源于西方社会在工业化、现代化过程中涌现的问题和萌生的展望。非西方人不学西方社会科学是愚蠢的,因为它对非西方社会有强而有力的启发价值,但不能终止于这一步。下一学年共有 24 周,根据你对自己的社会和文化的了解,再对比于你所学到的西方社会理论架构,你先拟定出对非西方社会的现代化最关键的 12 个问题来。我们每两周讨论一个问题,每次约两个小时。在讨论之前,我针对那个问题指定你读几本书,你把你的思考写成一篇简要的论文给我看。这样,我俩在讨论时就有充分的内容。经过讨论,你对问题有了更深入一层的理解,我再列出相关的著作,作为你今后长期研究这类问题的参考。”

就这样,每隔一周的星期六上午十点,我准时走进“弗朗西斯路 65 号”那幢绿树遮蔽的红砖楼里,那是他的家。他,一位年近七十、名播宇内的学者,无偿地用他的周末休息时间,向一个来自万里开外的中国学生进行谆谆教诲。

须知,这是在“时间就是金钱”的美国,而他又是那样的繁忙。经常,在我到达他门口时,他正在二楼书房里埋头写作。听见门铃声,便搁下手中的笔。有时他正在接受知名的美国或外国学者、记者的采访,我一到,他便匆匆结束那边的谈话。为了节省我的精力,他不但给我开好阅读书目,而且让他的秘书 Alice 把这些书从他的私人图书馆里找出来,给我预备好;有时他干脆把他的私人藏书送给我。(因此之故,2004 年在出版我的《什么是世界一流大学?》之际,我在书的扉页上题词敬献给几位学界前辈,贝尔老先生是第一位,他最早使我领悟到伟大的老师和伟大的大学之蕴涵,即大师和大学的不可分割性。)

我把这些情景跟我的朋友们讲,大多数美国人的第一个反应是感慨地一叹:“Unbelievable!”(“真叫人难以相信!”)少数学过中国历史的美国人会说:“这倒很像你们中国古典传统中的师道。”中国同学则往往开玩笑地说:“你是他最得意的关门弟子(因为贝尔到 1989 年夏季就将退休了),当然要倍加关照。老先生想把一生的功夫悉数传给你哩!”

我内心里知道为什么他这样待我。他关切中国,他的关切不是来自专业上的需要,他并不研究中国问题。他的关切也不是来自外交斗争的考虑,他并不感兴趣于政界经常谈论的打“中国牌”以对付苏联。他的关切纯粹来自一位富于人道主义胸怀的大学者对具有数千年历史、占人类五分之一的人民的真挚同情,对这个历经磨难的伟大民族之复兴的祷愿和期待。

1987年初的一天，在早餐以后，我们坐在火炉边交谈，他突然问道：

“丁先生，在人类历史上，有哪两个民族久经磨难而又能奇迹般地保持自己的独特性，主要靠的就是一种对伟大文化传统的记忆？”

“一个是犹太民族，”我不假思索地回答。“另一个是……”我觉得我应该谦虚一下。

“另一个是中华民族。”

他是犹太人，我是中国人。一时我俩都停止了说话，定定地望着火炉不出声。

他的父母是来自东欧靠近俄罗斯那里的移民，家里很穷。他告诉我，在他八岁之前，从不知道厕所里应该有手纸。我后来更知道，他和我一样，父亲过早亡逝，幼年时期寄人篱下，跌跌爬爬每日挣扎，才苦水里煎熬成人。

“我如果在中国，可以自豪地说，我的家庭出身是道道地地的无产阶级。”他几次笑着说。

第一次应邀去他家吃饭，在他们全家都已经吃完的时候，我还在忙着盘子里剩下的那一半。我感到很不好意思，道一声歉。

“别不好意思，丁先生。跟我们家人在一起吃饭，你是赶不上速度的。”

看出我脸上有几分困惑，他赶忙解释：“我们家人都是在食物不充足的环境下长大的，每个人在餐桌上都要加快速度，不然别人就会替你代劳。”

在这样的导师面前，你能不竭尽全力？与其说被一种求知欲所驱使，更不如说被一种道德感所催动。虽然在接受贝尔的私下教授的同时，我还要上其他的课；虽然单单为了同他的讨论，我每两周要完成10～35页长的一篇论文；虽然我常常累到两眼发红、脸色发青、脚下发飘，内心里仍然有一个沉重的声音在向自己喝令："苍天在上，你不可懈怠！"

1988年初夏于人去楼空的哈佛园

永远的心头之痛

上面文字的百分之九十五写于差不多二十三年前，那是一个令我伤感不已的凄清初夏。2010年初夏，广州《南方人物周刊》的资深记者李宗陶女士来香港作访谈，问我："您现在跟老师丹尼尔·贝尔还有联系么？"我带着几分抑郁不欢地答道："老爷子现在基本住在养老院里。我前一阵去Cambridge(波士顿近郊的我认定是全美国最伟大的小城)一个星期，每天给他家打电话，只能跟录音机讲话。找遍了我能打上电话的他的亲戚朋友，都没有办法联系到他本人。我想可能以现在的健康状态，老先生不大愿意见人了。如果人生是一程400米长跑，我的老师大概已经跑到395米了。我们这一代人也差不多跑到300米了，很快的。人生就是一圈长跑。"

喜爱读复杂书籍的李宗陶接着问："您怎么看贝尔先生政治立场的转变和晚年对于新左派的批评？"我说："他原是

新保守主义教父级的人物，年轻时是激进左派，偏向于托洛茨基派。跟欧文·克立斯托尔（Irving Kristol，新保守主义的始祖之一、《公共利益》杂志的创办人）一样，他们年轻的时候是在纽约市大街上跟另一些托洛茨基派激进分子作演讲呼吁大闹世界革命的，他们那时候的主要想法就是要用暴力革命在全世界推出一个最公平的制度。但后来，他们看透了极左派的根源。新保守主义跟新左派最大的差别之一就是：新保守主义者可以对新左派人士说，你们现在讲的那些乌托邦，我们年轻时基本上都讲过，不过后来我们知道那条路是走不通的。我们看着斯大林没有走通，毛泽东也没有走通。"

新千禧年降临之后不久，《泰晤士报》书评专版编辑部向广大读者和评论者征求意见，推荐第二次世界大战结束以来英文世界最重要的100本非小说类著作，结果贝尔的两本著作上榜——《意识形态的终结》和《资本主义文化的矛盾》。《高等教育纪事》周刊请美国教育界提名二十世纪有关教育研究的最重要的50本著作，贝尔的《通识教育的改革》入选。他获得的西方著名大学和一家日本名牌大学的名誉博士学位17项，几乎所有社会学的重要成就奖都授予过他。

但老先生却从来无缘访问中国内地，他说他只是在1960年代后期访问过香港，隔着铁丝网边界线用望远镜朝北边的广东省地盘扫描了几分钟，那个年头中国正在轰轰烈烈、打打砸砸地大闹"文化大革命"。老先生八九年前就患有日渐严重的糖尿病，在电话中告诉我不得不坐轮椅了。他周围的老同事说他“大脑里有太多的知识学问，对他虚弱的双腿来讲是太过沉重的负担”。

在他身体状况能够访问中国内地的时候，我没有能力也无机会安排他来访。待到我有机会甚至有能力安排他来华访问的时候，他的身体状况已经不再允许他长途跋涉了。

这是我这个学生永远的心头之痛。

附录

为了让读者诸君更具体地感受我当年的留学被折磨生涯，特地把我很多年前写的一篇介绍美国博士学位训练过程的文字附录如下。那些欲留学者读读这类亲身经历之描述，一定会有些助益。开始的时候，我以为那些苦不堪言的经历只是“具有丁某人特色的笨蛋留学物语”，后来许多中国同学乃至一些非英语国家来的留学生，都这么私下诉苦——有的中国同学告诉我，来美国后第一次教授布置考试时听不懂，结果连什么时间、什么地点、以什么方式、考什么内容都糊里糊涂，有的人还跑错了教室——很多人不公开诉苦是出于爱面子。我这么公开地讲自己的狼狈不堪，我的好友梅君劝诫我说：你这样写出来又影响了你的形象，又会打击后来者的信心。我说早知早觉比后知后悔好。

虽然很多人对美国的其他方面颇不以为然，大部分人还是承认，美国的研究生教育乃是“美国在国际上最富有竞争力的产业之一”,吸引了全世界最多的留学生。美国各研究型大学的研究生训练大纲各有特色,同一所大学里的不同学科也各不一样,而且每一系科都根据本学科的发展趋势时有改进。但是在那些以培养研究生为主的第一流研究型大学里,同一学科的训练大纲却有一些基本的相似点。我这里试以当年我读书的时代(1980 年代中后期)哈佛大学社会学的博士训练大纲为例。

第一项是修课方面的要求。不论你入学以前上过什么学校,得过什么学位,每个研究生必须至少修满哈佛本校的 12 门“半学年”课程(half-year course)。所谓“半学年”课程是指那种分量最重的需要上半学年即整整一个学期的课程。每个学期学生必须修三门以上的课程,也就是说,在通常情况下,入学的头两年百分之百的时间都为修课所占用。

在这 12 门课中,有八门必须是本系的课目,另外四门可以从其他的系科选修,这样就可以获得一个比较好的知识结构。在八门社会学课程里,有四门是指定的,每个研究生都必须在第一年里通过,它们是“社会理论”(二门)和“数量化社会学研究方法”及“非数量化社会分析方法”。两门理论课使你“通”晓而非“精”研社会理论的起源、发展和基础概念、基本流派。两门方法课使你掌握社会研究与社会分析的最重要的方法和操作技能。

在第一学年结束的时候,按学校的规定,给一年级研究生授课的教授必须在一起“会诊”,审查每个研究生的学习表现,给功课好的学生以书面表扬,给有困难的学生以改进的建议，给表现特别差的学生以 termination 即除名。如果你在头两年里，以“B”以上的平均成绩通过了 12 门课，你就过了第一大关。

第二项要求是“资格论文”(不同于为某一门课而写的“学期论文”和以后的“学位论文”)。在第二学年结束时，每个研究生必须向系里呈交三篇论文。一篇是理论性质的，两篇是经验性质的，以证明你基本掌握了社会研究和分析的思路及方法。

第三项要求是博士“资格大考”，通常在第二学年末或第三学年初举行，它由四个步骤组成。首先，研究生提出自己将要集中研究的两个分支领域（比如，我选择的是“社会理论”和“社会发展/现代化”)，对每个领域呈交一个三页的简要说明，并附带重点阅读书目，由三至四位教授组成的考试委员会审定。若你的简要说明合格，考试委员会就会对你如何阅读和备考提出指导。第二个步骤是研究生根据考试委员会的指导，在重点阅读的基础上，对每个选定的分支领域各写出一份篇幅长达三四十页的“陈述”(Statement)。在“陈述”中，对你所选定的分支领域里最重要的理论发展和方法发展提出综合性的分析和评判，以证明你对构成该领域实质的那些成就和问题有全面的了解和独立的见解，对今后的专业方向和学术研究的突破口有明确的设想。第三个步骤是提交一门课程的教学纲要，设想你自己在大学开一门课（比如是“社会发展/现代化”)，你怎样确定该门课的目标和任务？怎样设计课程的结构和进度？怎样列出这个领域里最重要的文献？通过哪些方法引导、启发、组织学生去思考、解决最重要的问题？要求研究生设计这种教学纲要的用意，是培养你作为高级教学人员的能力。第四个步骤就是考试本身。如果考试委员会在审阅你的两个“陈述”和一个“教学纲要”后，认为你够格，就举行一次口试，用一系列的问题试探你理解专业知识和问题的广度和深度。如果通过了，就被承认为“博士候选人”，亦即承认你已经具备作“博士论文”的资格。如果通不过，你有机会补考一次。补考不过关，打发你滚蛋。

博士“资格大考”是研究生训练过程中最难的关卡。考试之前的紧张，可以使人达到一种半神经质的地步，因为人人都明白，这是系里筛选研究生的决定性一关。一试不过，虽然理论上可以补考，但留下的心理压力，却令人难以支撑。一位研究中国问题的美国研究生开玩笑地对我说：“如果谁第一次没通过，他在系里的处境如同是在‘文化大革命’中被戴上了‘四类分子’的帽子，那滋味可不好受！”资格大考通不过而自杀的极端事例，偶有所闻，至于在好的学校里通不过，被迫转到差的学校去，则是经常发生的事。当我把资格大考命名为“鬼门关”的时候，中国来的留学伙伴们一致鼓掌同意！

第四项要求是“学位论文计划”。通过了博士资格大考，“博士候选人”必须立即提出一份计划，说明“学位论文”的选题、研究方法、参考文献和研究进展表。审查这个计划的，是一个由三位教授组成的委员会，往往与“博士资格大考委员会"的构成不同。审查通过了,你就进入具体的收集材料和写作的阶段。如果一审不过,你有第二次补救的机会。

第五项也是最后一项要求是"学位论文答辩"。答辩委员会由五位教授组成,其中至少一位必须是外系教授。论文审阅和答辩的评分有四等:"出色的通过","通过","需作小修改的有条件通过",以及"失败"。

美国的社会学博士训练大纲中,数量化研究方法和技能占据了极重要的地位,远胜于其他的西方国家。社会学在欧洲与在美国受到大不一样的传统的影响,欧洲因其历史的悠久和人文气息的厚重,社会学更靠近哲学和历史学,注重历史的、文化的、批判的、宏观的、比较的思路和方法。美国新大陆的学术界则孕育于重科学、重技术、重经验、重实用的气质之中,社会学更靠近"硬"科学。当塔尔科特·帕森斯(Talcott Parsons)从西欧留学回到哈佛,他挟持而归的是与美国传统迥异的欧洲风格。从二十世纪三十年代到七十年代,帕森斯迂回摸索于哲学、经济学、历史学、宗教学、心理学、人类学、控制论、信息论之间,建立起了一个庞大的"系统—机能"分析架构。他的雄心勃勃、孜孜不倦、勤于探索、勇于综合的气魄,使得他竟然成功地把哈佛大学的三个系(社会学、人类学、心理学)整合成了一个庞大的"社会关系系",雄踞宝座多年。在这数十年里,一代又一代的社会理论和文化分析大师从哈佛培养出来、输送出去,造成注重文化批判和理论建构的风气,如罗伯特·默顿(Robert

Merton)、金斯利·戴维斯(Kingsley Davis)、克利福德·格尔兹(Clifford Geertz)、罗伯特·贝拉(Robert Bellah)、马里恩·莱维(Marion Levy)、尼尔·斯密尔撒(Neil Smelser)等等。

然而,自帕森斯逝世以后,美国社会学的主流就渐趋变化,建立野心勃勃的、庞大综合的理论体系之努力愈益受到怀疑和批判,多数人的兴趣转向数量化、公理化和经验性的研究。而现代应用数学和电脑的发达,又给这种转向提供了强有力的技术手段。这种转向可以从哈佛大学社会学博士训练大纲中窥见一斑——在早些时候,要求研究生掌握德文或法文,而现在这项要求变成了非约束性的,掌握数量化研究方法的要求则变成约束性的。

我对数量化研究方法的态度,可以说是"抽象地重视,具体地痛恨"。美国社会学界那种越来越推崇数量化研究方法的风气,多少透露出极端实证主义的偏颇。但是,在美国文化背景下走得似乎过远的这股风潮,对中国社会科学的风气倒是一帖极合适的泻药和清醒剂。中国自古以来的思维传统,一直是以混合、模糊、抽象、空泛而见长。在极"左"思潮统治的几十年里,国内的所谓"社会科学"更是蜕变成了空话、废话和假话之集大成。近几年来虽然有重大转机和进步,虚浮的成分仍然很多。让极端强调经验、事实、数据、客观检验技巧的实证主义风潮冲击冲击,正好可以把中国学术界长期以来污秽不化的玄想思辨之痼疾化解"泻"去,使我们在构筑"体系"、提出见解、讨论问题的时候,越来越少虚浮的水分和膨胀的热气，越来越多的冷静和求实。

尽管从理论上我如此地重视数量化、经验性的研究方法，每每遇到选择这些方法作为专业方向的中国留学生，总是在一边为他们加油鼓气，我自己却不愿意选择这个专业方向。由于从小喜欢文学，后来又研读哲学（其间读了三年机械工程，只是增加了我对该专业的痛恨），我的思路更亲近欧洲社会学的传统。可是，尽管你没有选择数量化方法作为你的专业方向，美国研究型大学的博士训练进程却容不得你绕道而行。所有的研究生都要通过至少两门的“经验研究”和“数量化方法”的必修课，一次不及格的要重修，两次不及格的就要被扫地出门。我来美国学习，至少一半的时间和精力用在这些课上。在匹兹堡大学的那一年里，我修了“社会研究的实践”和“社会统计学”。在哈佛大学的第一年里，我修了“美国社会：经验研究法”和“数量化研究方法”。每当我坐在电脑终端机前面，建模型、调数据、逐步检验、重建模型，经常弄得彻夜不能上床睡觉的时候，心中总是充满了愤愤不平：“我选定的是宏观的文化比较的社会理论，今后一辈子都不会去做经验研究，为什么把我活活绑在这里？！”（其实后来我做了许多经验研究。）心中即便怨气激荡，功课还是照样要做，万幸的是教授对我的成绩很满意，宽恕了我的抱怨。

我说我对数量化研究方法是“抽象地重视，具体地痛恨”，没有说错吧？

虽然被迫修了很多的经验研究和数量化方法的课使我常有浪费大好精力之感，但毕竟只是多费点时间而已，通过了也就万事大吉了。使我承受最大的智力上的痛苦的，乃是语言。出国之前，我自学了一点英语，能够以慢得惊人的速度阅读中等难度的专业文献。但听力不行，说和写就更不行了，这是中国式外语教学的通病。一进入美国的博士研究生班，每学期要修三门课，每门课要阅读至少 15 本以上的专著，也就是说，至少每周要阅读四厚本。要完成这样的阅读量，英文的阅读速度必须是每小时 30 页以上，而我当时每小时至多只能读四页左右。每门课至少要作一次报告，在 30 分钟左右的时间里对一本重要著作提出简明的总结和要害的问题。有的课要交一篇 30 页左右的论文，有的课要交三篇短论文。如果说阅读任务就已经快要要了你的命的话，写论文就更可怕了！每一个句子都是痛苦的，就好像是从干瘪的乳房里硬要挤出奶汁来，挤不出奶汁，就只能挤出血滴来。除了论文和报告以外，美国教授对研究生的评分还部分地依赖于你在课堂上参与讨论的表现。

请设想一下，如果你因为阅读速度的限制，只能完成很小一部分的阅读任务；你像挤血滴一样榨出来的论文，美国教授不大看得明白；你的报告人家不大听得懂；你的结结巴巴的口语使你很难介入讨论和争辩；而最糟糕的是，教授和美国同学的讲话、问题，你只能猜懂其中极小的一部分。你满腹的知识、满脑子的见解、满腔的激情和豪气，统统都被语言这把大“锁”锁住出不来；能吐出来的那一点点，在量上和质上都使你汗颜。请问，在这种情况下，你能干什么？你会想什么？

这恰恰就是我刚来美国时的状况！

在那最初半年多的时间里，我人就像傻子一样从早到晚地钉在凳子上，艰难地一行一行地阅读，艰难地一个词一个词地挤论文，忍受着众目睽睽之下讲不清意见的窘困和羞辱，在被提问时因为听不懂问题而无从对答，紧张地甚至半带恐惧地等待着交论文或者考试的日期的逼近。这时候你的心不由自主地就被一种巨大的磁力吸向有关祖国的一切：那对你而言如鱼得水般的文化氛围！那与你血肉相连的人和事！在众人热切期待的气氛中，用你出口成章的母语抒发一家之言，令满座顿起争执，是多么的过瘾！伏在案上用你运用自如的文字纵笔疾书，不日便可得知来自全国四方的贬褒抑扬，是多么的痛快！呵，祖国！我生于斯、长于斯、活动于斯、实现于斯的那片国土呵，我心里是多么疼痛地思念着你！国家恰逢百废待举，自己正值创造盛年，这正是施展身手报效国人的大好时候，何苦来到异邦，受这窝囊气?!初来美时，每日被这些念头所折磨，常常凌晨从梦中凄然醒来，两丝清泪，一袭湿枕。

我曾经多次跟伙伴们讲，学成归国以后，我一定要把在美国留学的经历写出来，一无保留地写出。我告诉他们，连书名都已经想好了。

“什么书名？《海外学子》？”

“不，《谈何容易》。”

“下学期匹兹堡见！”

当代任期最长的美国大学校长波士瓦

- 最初留洋的念头来自一位“少年海归”
- 据传说波士瓦曾经空战远东
- 跳槽令我忧心忡忡

匹兹堡大学校园内的“大教堂”楼，全世界第二高的大学建筑

如果你要细细追问,我怎么竟然可能在上一篇所描述的那种超级压力的课程系列中"survival"(存活)下来,我的第一个回应就是幸亏在转到波士顿读书之前,有了在匹兹堡大学学习的那两学期,加起来十个月。我带着对校长波士瓦(Wesley Posvar)博士感激的心情进了他的大学,我怀着更加感激的心情告别了他的大学。可以说,没有这位波士瓦,就没有我的波士顿。他对中国人的那份挚情厚谊,会被所有曾经在他的大学里研习过的华人同学们记取。这是一个有点曲折迷离的故事,我们得绕个大弯道才能把车子开到最后的场地:Pitt(匹兹堡大学的昵称)。

最初留洋的念头来自一位"少年海归"

上一个世纪最后十年的前三分之一,我从美国返回久别的亚洲。离国十年之后重返故土,遇到的人绝大部分都会礼貌地询问:"你定居在哪儿?"每逢遭遇这样的问题,我都傻笑着答不上来。几次练下来,终于找到一个不太离谱且颇为友好的应答,就是:"我是一个国际非盲流。""国际非盲流"实乃"国际明流"的避嫌变通说法,因为后者容易被误听为"国际名流"。我虽然偶尔胆大妄为,却始终不具备几位中国演艺界出国人士(多半为女士)们的长城砖面皮功,在西方当了几回一流影片的配角演员或者四流影片的主角演员,便坚持不懈地在中国人圈子里自誉为"国际名流"。为避免误解,我只好用拗口的"国际非盲流"替代更为朗朗上口的“国际明流”。

我和国内一度被称做“盲流人口”的差别之处不难罗列。他(她)们是在中华人民共和国境内流来流去，我过去二三十年里则是在不同的国家或地区之间流来流去。他(她)们的流动多半是盲目的，因为不知道哪儿有工打，待遇如何；我在国际的流动则是非常明确的，流动前早已经从公开出版物上得悉哪个国家的哪间大学或研究所招聘什么职位，研究和教学的条件如何，待遇的菲或厚。当然，要成功地流过去，你得提供自己完备的学术资历和学术成就的书面证明，经过国际性的公开竞争，中标受聘。否则，你想流也流不动。不过，我和国内“盲流人口”的共同点也不少，其中最主要的有两点，一是走出了出生于斯成长于斯的小村庄，见识了外面的大世界。二是一旦流出了家乡，就再也不愿意流回小村庄去，哪怕在外面谋生也并不那么轻松。

我在外面游走列国年复一年，却在至少一件事上是旧习难改根深蒂固，那便是渴望着常年能用自己的母语写作。这个语言惯性之强，实在要超过“肠胃不忘本”的力量——如果能让我轮流吃意大利菜、法国菜、中东菜、南美菜、日本鱼生、泰国烧烤、西班牙火腿、葡萄牙海鲜、德国黑面包、南亚黄咖喱，我是可以半年里不碰中华料理每顿吃喝乐此不疲的。但半年不以母语写作却挺不住，信不信由你，对于我本人以及像我这样的人来说，能用中文写作乃是一种奢侈，这当然意味着是一种高级享受。自从 1984 年 8 月 29 日我半明白半糊涂地赴美国求学以来的许多年里，能够用中文写文章的时间大概不会多于十分之一——也就是说,一个月里,难得有三天是在用汉语舞文弄墨。当然,这里的百分比不是精确的统计数据,而是大而化之的"匡算",有如中国报刊上常有的"国有企业三分之一明亏,三分之一暗亏,三分之一盈利",或者"全国大城市新建商品房空房率百分之四十,中等城市百分之三十,小城市百分之二十"之类。

大约十分之九的时间里,我们这样的人是在受洋罪,名副其实的洋罪——用英文著述和阅读专业文献。很多国内读者也知道,西方学术界有一句俗谚"Publish or Perish",就是"你没东西出版就完蛋"。对于在西方学术界混饭吃的衮衮诸公,你手里的饭碗是豆腐渣工程还是固若金汤,根本取决于你所发表的论文或专著的多寡优劣。而你用中文发表的东西,不论在汉语读者群里获得过怎样热烈的赞美或猛烈的攻击,基本上不算正宗学术成果。所以尽管我有时斥之为"英语霸权主义",还是得规规矩矩地和埋头苦恼地用英文思考及撰文。你若真的不想承受英文写作的感情蹂躏,那就得主动地或被动地下岗,或是在国外下海赚点辛苦钱,或是卷起铺盖回国来潇洒地赚大钱。我一直以为"英语霸权主义"这个词是属于我的智慧产权旗下的专利,直到1999年11月初在香港听了一场教育社会学方面的报告,才获悉早在若干年之前,已经有西方(而且是英语国家)的语言社会学家运用这个词进行社会批判了!西方一些知识分子的自我批判精神有时真令人挺感动的,远超过我们中国人的反省程度。可惜这样的西方人士多半只能屈辱地在大学里面教书而进不了政府做大官，否则这个世界上的不公正就会少很多很多。

方才提及，1984年8月29日我离开中国赴美留学是处于“半明白半糊涂”的境界，这绝非虚妄之辞。想当年，本人自上海复旦大学哲学系毕业后，历尽周折，全仰赖一位出身满清贵族的儒雅恩师之助，才分配来伟大的首都做一个小小的脑力劳动者，在某某学院某某研究所任并无职称的助理研究员。那个年头人们非常崇尚知识，所以该学院尽管物质待遇不咋样却声誉隆兴，连开小车的司机、管收发邮件的青工、打字机房的文员、往返机场接送外宾的秘书，都大半出身不凡。像我这样一个三代讨饭的赤贫农民的后代能够在这样的研究部门工作，且颇受所里的器重，已经心存感激，真诚地觉着活得充实和富有意义，故而并没有把心思朝“放洋”上做过多的痴想。这倒不是戏言，直到今天为止，我仍然把那两年视作我生活中最富有意义的时段。我真愿意舍弃我今天在物质生活方面所获得的一切，以换回那两年里的那种感觉。人不能纯粹生活在感觉之中，但没有美好的感觉，生活又是什么呢？

然而人生中偶尔也有歪打正着的契机，即便是对咱平民百姓。1983年初春，我获得中华人民共和国成立以后首次全国社会科学中青年优秀学术论文一等奖。为着把论文译成英文向国外推介，我结识了外交系统的一位年轻的老资格翻译工作者。他十几岁时便被政府送到伦敦学习语言，两年后海归，不到二十岁已经是够资格为高级领导人做翻译的好料,英语棒到连美国名牌大学的教授都惊叹不已。某日共进午餐,此老弟在神速地结果了我虔诚地奉献上的三份略有臭味的红烧腔骨(每份价值二角五分人民币)之后,摸摸腮帮擦擦手,若无其事地问我:“你为什么不设法到美国去读书?”我说到国外留学于我是近乎天方夜谭的事,自己英语不行,且又无特殊背景,很难获取出国名额的。他说可以自己主动去申请,他过去几年里已经鼓动过好几个人这么干,多数都成功了,其中有黄某某、纪某某等等(他提到的多半是老一辈无产阶级革命家的后代)。

就这样,他一手帮助我准备了并翻译成英文的申请资料,逐一发出,共发出六份。然而往往返返几个回合,均遭美国大学的婉言拒绝,原因或是申请期限已过,或是缺乏本申请人英文能力的证据。可是这么一尝试,争取出国留学的念头却明确地植入我心中。1984 年夏初,经我的那位恩师的大力举荐,和本人所在的学院数位领导的批准(其中有一位早年曾做过周恩来的宗教事务秘书),我被遴选为美国匹兹堡大学的 Presidential Fellowship(“大学校长奖学金”,乃该校最高级别的国际奖学金)的第一候选人。在中国官方为该校校长波士瓦博士访华举办的欢迎宴会上,校长先生略略问了我几句话,我都半懂不懂(他肯定对我的回答更加听不懂),就明确地对我说:“下学期开学时在匹兹堡见你!”

我们单位外事办公室的年轻工作人员事先提示我,校长访华期间提前从上海到达北京,目的是为了面试我,我毕竟拿的是以他名义授予的奖学金,他大概有点不放心,因为我邮寄过去的申请资料很不齐全。外事人员还强调,这位校长派头不凡,品味也挺高,不愿意入住北京当时最高档次的北京饭店,非要住进原本是清朝王府、后来为康生官邸的"官园",每天的住宿费用比我十个月的工资还多。"你小子可要好好准备,别面试的时候砸了锅!"

我本来就已经够紧张了,给他们外事办的人一忽悠,就更加神经兮兮。好在我们研究所也有两位外事经验丰富的"青少年海归"小邵和小赵,她们安慰我,别自己吓唬自己,该怎么的就怎么的,"死猪不怕开水烫",越坦然效果越好。事后证明她们是对的,对老外的心理摸得透——她们都有给外国政府首脑当翻译的经历。这两位也是十几岁就被派到欧洲留学,一个在南斯拉夫读经济学,一个在东德读国际关系,这些国家是那个时代中国公派留学生的首选之地。她们不但为我的面试充当无薪给顾问,而且日后亲自为我整理了出国的行李箱。我看到她们朝我的大行李箱里拼命塞进一团又一团的卫生纸,大为纳闷。她们连忙解释:刚到国外的一个新地方,人生地不熟,卫生纸的重要性和必要性仅次于钞票,这类事在苏联东欧国家绝不可以忽视,缺了它,够麻烦的。我小心谨慎地带着这一大堆卫生纸到了美国,发现那儿的公共厕所里都有免费卫生纸,猛然顿悟,在卫生纸这类庸俗不堪的事务上,西方资本主义国家还是略微高于苏联东欧社会主义阵营的。

据传说波士瓦曾经空战远东

所以我真是有福气，因为没有考“托福”也没有考GRE，就去了美国留学。要是硬考，我可以负责任地告诉你，我根本考不过关。波士瓦校长当然知道我的英语不灵光，但多半是被我的学术简历打动了心：能在中国这么大的青年人口群中获得学术论文一等奖，总不至于在英语上愚不可教吧？可不瞒读者，因为英语的听和说不行，我在由北京赴纽约的国际航线上，差一点“中途变卦”了——在旧金山市的机场换机时，我听不太明白，险些错上了一架不知飞往何方的班机。

简言之，我留学西洋之“半明白”是指我在出国目标上的明白——去攻读我心仪的“比较现代化”专业。这方面的兴趣从1982年底毕业后不久就开始了，那时候的我已经对哲学空谈失去了兴致，转而阅读社会经济发展的中英文书刊。我留学西洋之“半糊涂”是指在出国途径上的糊涂——不知道该怎么联络申请。这和1990年以后的众多中国欲留学青年很不同，他(她)们是出国途径明白——明白到可以胜任专业的留学咨询公司的高级业务骨干，但出国目标糊涂——只要能出国，管它干什么都行。咱们这个时代真开化了！

我对波士瓦校长心存深深的感激，但又不怎么明白他干吗要设立那么高档次的“大学校长奖学金”给中国内地的青年学子。在匹兹堡大学的近一年时间里，常常听到华人留学生圈子里传说波士瓦的一些有趣经历，似乎能够解释我心中的疑团。据说第二次世界大战最后一段时间，他是美国空军援华抗日“飞虎队”的飞行员。在福建上空与日本空军激战时，座机被击中，他负伤跳伞，被当地的抗日游击队营救。隐匿养伤期间，福建海岸边的老百姓常以海参作食物为他滋补，因为靠海生活的中国人把海参当做海里的人参大补食品。伤愈后，波士瓦被中国抗日力量的地下交通网辗转护送到缅甸的美军部队。据说战争结束后的很多年里，每逢重要的宴会场合，他都要在餐桌上置一盘海参，以志不忘当年受伤获救的幸遇。而据本食客观察，绝大多数的美国人不吃海参，因为那玩意儿看起来很像大毛毛虫，挺恶心的。

我对这个传说将信将疑——波士瓦确实是当过空军驾驶员，而且还升任到空军准将的高位。平时在校园里见到他，永远都是军风严正的派头，挺拔英俊，不苟言笑。但看他的年纪，又不像是曾经参加过第二次世界大战的老兵。这位西点军校的优秀毕业生在战后美国政府推出的优待年轻军人入学深造的社会福利政策辉耀下，成为美国空军里第一个获得备受称誉的 Rhodes Scholarship(罗兹奖学金)的军官，赴牛津大学读了学士和硕士学位。克林顿也曾经获得过同样的奖学金，同样去牛津拿了个硕士学位，这对他以后当上总统多少有些帮助。

波士瓦回美国工作一段时间后，又读了哈佛大学的公共行政学硕士学位和政府系的博士学位。他在匹兹堡大学校长的位置上坐了四分之一个世纪,成为当代美国主要的大学中任期最长的一位校长。他很擅长管理,把一度接近于破产的匹兹堡大学给整成名列全美国 100 所研究型大学之一的好学校。人们昵称为 Pitt 的这所学校拥有全美国大学校园里最高的建筑物,那幢号称“大教堂”的主建筑有四十多层,在全世界仅次于莫斯科国立大学的主楼高度。匹兹堡大学的哲学系在美国属第一流,其中几位名教授是 1950—1960 年代从欧洲移民过来的。它的医学院是美国最早成功进行心脏移植的医疗中心之一,它的电机工程系和拉丁美洲研究也是极强的,好像音乐系也挺棒。我所在的社会学系有一位非常杰出的华人教授,杨庆堃先生,原来在哈佛教书,因为不愿意参加当年与东西方冷战相关的研究项目,就躲到 Pitt 这样的二线大学里来了——不过我没有上过他的课。还有一位英国过来的社会学理论教授 Robinson,对美国社会学主流成天热衷于搞社会统计不屑一顾,认定那是雕虫小技,误入歧途。他上课的时候手不离香烟,偶尔还拿着罐啤酒,是我在美国见到的最潇洒的课堂教学风格。

波士瓦早就有心使他管理的大学成为美中两国教育和科研交流的滩头阵地,可是在 1980 年以前,拜旧体制之福,中国内地的青年学子很难去得成美国,匹兹堡大学就接纳了大量来自香港和台湾地区的青年。等到中国内地对世界打开大门,匹兹堡大学就成了数百名华人学生聚集的重镇。

我去的那年,正值匹兹堡市被评为“全美国最适宜居家的十个城市”之首,犯罪率低,交通便利,教育和休闲设施齐备,人均收入中等偏上,自然环境优美,物价低廉,巨大的西瓜两美元一个,八九磅重的淡水鲤鱼三美元一条,鸡肉每磅三分之一美元,鸡内脏没人吃,白送你。以我的“大学校长奖学金”的收入水平,每年全额奖学金除了交学费之外,每个月还有800美元以上的生活费,比起同时期中国内地官派留学生的助学金多了一倍还有余,俺一下子就进入了小康阶层。

跳槽令我忧心忡忡

可我这个人天性不喜欢在一个地方久待。进了匹兹堡大学不久,便接到美国东部几所名牌私立大学的邀请去作学术报告。一圈转下来,竟然获得了普林斯顿大学的全额奖学金、哈佛大学和福特基金会联合提供的奖学金,同时对我表现出强烈接纳兴趣的,还有哥伦比亚大学和麻省理工学院。顺便说一句,麻省理工学院这所以理工科著称于世的大学,其经济系、哲学和语言科学系、政治学系和工商管理学院,都是全美国第一流乃至世界一流的,与我们国内的那种挂着“大学”的牌子、实为单一专科或单一学系的“理工大学”何止天差地别。就如我前面说过的,我获得几所大学和福特基金会的奖学金,多仰赖知名教授的全力举荐。普林斯顿大学提供我全额奖学金,主要得益于对中国—日本—俄国作比较研究的专家、时任普林斯顿大学社会学系教授和研究生项目主任的饶济凡(Gilbert Rozman)之热情介绍。他同时也是个语言上特别有天赋的人,汉语、日语、俄语都能来。当年他走进北京王府井一家只对中国公家人员开放的内部书店,一开口要看这本书那本书,书店工作人员把他误当做新疆进京出差的干部,一点革命的警惕性都没显示出来。我至今感觉欠饶济凡一个特大特重的人情,永远也还他不了。

经过几番与国内有关单位的痛苦协商,我最终选择了去哈佛读书。因为要跳槽,我心里充满了对波士瓦校长的深深歉意,于是给他写了一封请求理解的信。递上去以后,做好了承受各种责备的心理准备,人家不计较你没有考试成绩,破格把你招进来,你还不识抬举要走人?你对得起谁呀?谁知道两天以后,校长的私人助理就告诉我,校长先生同意我转学,并没有丝毫的责备。“连哈佛大学都录取了你,证明他当初颁授‘校长奖学金’给你时没有选错人!”他的助理这么说。这件事可以说是使我对美国社会里的价值观念标准有了第一次的亲身体验:你跳槽与否不是关键,关键在于你是“跳高槽”还是“跳低槽”。你能跳到高槽上去,不但没有伤害他的面子,反而为他增了面子。我当时就想,要是国内单位的人才观念和人事制度也这样通情达理、鼓励竞争、开放灵活,那咱们中国没有特殊背景的亿万年轻人要少受多少折磨呀!

我离开 Pitt 之后,再也无缘回匹兹堡去“省亲”,尽管我对那里的一切都有温情的记忆,有感恩的思念,时常把匹兹堡大学及周边城镇的旧照片翻出来凝视出神。刚搬到波士顿的那几年,每年感恩节之后和圣诞节之前,我都会给波士瓦校长夫妇寄去制作精美的中国风格的贺年卡,也收到过校长至少两次的新年回卡。可惜我一直没有机会与他重逢,当面再说声“多谢您”,告诉他“没有您这位波士瓦,就难有我日后的波士顿”。以后也再不可能碰上这样的机会了,波士瓦校长已于 2001 年 7 月撒手人世,因心脏急病而过早结束了他戎马十数年、学殿数十年的多彩生涯。

有故人告诉我,我们以前每天从住宅区到匹兹堡大学校园必经之地的那栋方形大楼,已经冠以老校长的名字。老校长的遗体安葬在西点军校旁,安葬仪式以全副军荣军礼进行。

哈佛大学前校长身上的两个S

经济学大才子萨默斯引发的争议

- 出身世家的天才经济学家
- “一头闯进瓷器店的斗牛”
- Style（风格）锐利，Substance（实质）坚固
- 与中国的渊源

哈佛建校 350 周年，学生制作的哈佛先生冰雕像

哈佛大学校长劳伦斯·萨默斯(Lawrence Summers)于2006年2月21日宣布,他将在2005—2006学年结束的时候也就是2006年6月30日辞职。同一天我们遍布世界各地的哈佛校友就收到了校方发来告知这件大事的电子邮件,西方舆论界也是纷纷扬扬、连篇累牍地报道、点评其人其事,社会大众经常可以读到火热辛辣蒸汽喷喷乃至杀气腾腾的文字。

一听到萨默斯马上要辞职,我有好几天心情都不愉快,颇为失望,因为从某种意义上讲,这对萨默斯很不公平。作为一个哈佛大学的毕业生,我知道,在哈佛的校园里有好多学生其实都很喜欢他,特别是本科生。哈佛的核心校园The Yard一进大门右手边的第一栋老楼叫"马萨诸塞楼"(The Massachusetts Hall),以哈佛所在地的州名命名,以凸显北美大陆最古老的大学与早先欧洲移民在新大陆的登陆地之间的重重血缘关系。我原来读书的时候进去过两三次,木结构的楼道和楼梯都摇摇晃晃、吱吱呀呀的,那里面底层就是校长的办公室,楼上面好像还住着一些本科生。宣布要辞职的那天,萨默斯从他的办公室走出来,很多学生都抢上前围着他,拥戴他,他与学生们热烈握手,有些学生眼睛红红的,出现了很动人的自发性场面。

出身世家的天才经济学家

还记得2001年哈佛大学在全球遴选新校长以接替第26任校长、英美文学教授及古典研究专家Neil Rudenstine

(他 1991 年上任之际就宣言坚持只做十年,绝不被延长任期更不会主动延期),校方给全球校友们发来电子邮件,希望我们能够帮助母校参与提名和提供信息。这是哈佛的一个伟大而又温馨的传统,只要你曾经拿过该校的一个正式学位,哈佛校方就会跟你保持终身联系,包括给你永远参与选举“哈佛大学监管委员会”成员和“哈佛大学校友会”成员的权力。那时候我就知道,在一两百名被提名的候选人中有刚刚卸任的美国总统克林顿和副总统戈尔,而前五名(Shortlisted Candidates)中就有萨默斯,并且他是前五名中最年轻的。

当他后来被遴选为哈佛大学第 27 任校长的时候,我非常兴奋。我知道萨默斯在全球经济学家中是个学术大明星,而且知道他做事很有创意很有胆略。对于已经拥有那么多成就的人来说,他非常年轻,1954 年出生,2001 年的时候还不到五十岁,而哈佛学校已经 365 周岁了。我觉得这么一所古老的大学如果有这么一个年轻的校长,对于它不断更新生命力,与时俱进、朝气蓬勃地迎击二十一世纪的挑战会大有好处。

萨默斯正式上任后也给我们发了一些电子邮件,基本上不讲官话套话,而是讲了一些他的抱负、他的新念头,说他想把哈佛办成什么样的学校等等,这使我们对他有很高的期待。那时候包括哈佛的教师、学生、校友以及美国和西方的很多严肃媒体,都认为他有可能成为哈佛历史上最有影响力的校长之一。哈佛的校长是没有任期限制的,它不是一个公营机构，而是私立大学。在我的记忆中，哈佛历史上任期最长的校长是艾略特(Charles Eliot)，他从1869年一直做到1909年，四十年的时间，是影响最大的校长之一。艾略特接手的时候，哈佛还只是一个College（文理学院），就是在他的手上，哈佛变成了一个综合性的研究型大学。所以当四十多岁的萨默斯当上校长的时候，我觉得他是可以好好地做二三十年的，做到哈佛快庆祝400周岁，但是没想到他这么快就要离职了！哈佛历史上任期最短的校长是Cornelius Felton，从1860年到1862年，才两年，但那是因为他过早去世了。所以萨默斯的这次辞职，从漫长的哈佛历史来讲，不说是“夭折”，至少是给人昙花一现的凄凉感觉。

我在哈佛念书的时候，萨默斯刚刚被从麻省理工学院挖过来，成为哈佛经济系的讲座教授。我刚进去，就有许多人说这个人是学术天才。他出生于一个有名的学术家族，父母亲都是经济学教授，而且有两个诺贝尔经济学奖得主跟他有直系血缘关系：一个是萨缪尔森（Paul Samuelson），他的伯父；一个是阿罗（Kenneth Arrow），他的舅舅。萨缪尔森是对二十世纪全世界主流经济学影响最大的经济学家之一，阿罗这个人也很伟大，杨小凯生前最崇拜他。为什么萨默斯不是跟亲伯父萨缪尔森一个姓呢？——因为萨默斯的爸爸罗伯特不愿意沾他大名鼎鼎的兄长的光，所以硬把自己的姓从Samuelson改成了Summers，他们家人的个性由此可见一斑。

萨默斯出身显赫的经济学世家，他本人更是聪明得一塌糊涂，十六岁就上了大学。本来他是要到麻省理工学院学物理学专业的，突然就转向去学了经济学，我想极有可能是家庭的影响。1975年他拿到了麻省理工学院的学士学位，在那时他就以会辩论而出名。他的反应非常快，语言锋利，面部表情和身体语言都丰富、强劲多彩。他1982年拿到哈佛的经济学博士学位，在他博士学位还没正式拿到手的时候，就在英语世界被认为将来肯定会成为一个大家，那时候他已经发表了很出色的论文，所以还没有毕业麻省理工学院就把他抢去了，破格给了他一个副教授的职位。他好像从来就没有做过助理教授，简直是一步登天。他被麻省理工学院“预订”后，哈佛大学就很着急，1983年又把他给挖了过来，马上给了他终身教授的位置，那时候他才二十八岁，应该是哈佛三百多年历史上最年轻的正教授之一了，在我的记忆里好像只有一个数学家拿到正教授职位的时候比他更年轻，那是从英国挖过来的一个数学明星。天才的数学家不算是常人，那是另一把尺子。

大家都知道萨默斯是个天才，他本人也对自己的超群智力异常自信，直到他后来做了美国财政部的第一副部长，他都不愿意别人称呼他的官衔。美国当时的财政部长是鲁宾(Robert Rubin)，是1960年的哈佛毕业生，是他把萨默斯一手提携起来的，等于是他的恩师。有天在一次非常重要的场合，鲁宾介绍萨默斯说：“现在，我们热烈欢迎美国财政部的第一副部长萨默斯先生。”这句话一出口，却把萨默斯弄了个大红脸，因为萨默斯从来没有认为自己是个“大部长”，而认为自己是个“大学者”，他把自己的学术地位看得更贵重，把人的智力优势看得无比重要。

我在哈佛念书的时候，虽然没有正式上过萨默斯本人的课，但在校园里很多地方见过他。1991年，萨默斯从哈佛请了两年假（学校的规章制度限定教授离校在外工作的时间最长为两年），去世界银行做首席经济学家，兼做分管国际政策的副行长。这时候萨默斯做了一件事情，给我的印象极深。他当了副行长不久，就改变了世界银行原来用货币兑换率来计算世界各国经济总量GDP的老方法，采用了所谓的PPP指标（Purchasing Power Parities），即“购买力平权”，这一下子就把中国的经济总量在计算上增加了几倍。作为留美的中国学生，我们感情上当然喜欢别人把自己的祖国讲得强一点。同时，中国的经济增长在客观上也是显眼的，只有这样才能更加接近事实地反映出中国的经济现状。我出国前在北京工作，当时月工资是68块钱人民币，因为是研究生毕业，在年轻人里已经算是工资高的了。但如果按照货币兑换率计算，以我当时在国内的月薪，只能在美国剃两次头，而且还不能吹风、喷香水，所以美国人常常很纳闷，说：“你们怎么活啊，我的天啦！”从生活常识上来讲，货币兑换率这个指标有时候很容易产生误导。让中国马上在国际上成为一个备受关注的大经济体，主要就是因为萨默斯倡导使用PPP的计算原则。“观念改变世界”，仅仅是改变一个计算方法，马上中国的块头形象就全变了，所以我觉得萨默斯这人的脑子是超级的。几年后他又说中国参与经济全球化对全世界的影响，可能会大于当年的英国工业革命。像这样的大观念，是只有大智慧的人才能提出来的。

“一头闯进瓷器店的斗牛”

萨默斯太聪明了，而且从来不搞含糊其辞，与人对话直率锋利，一针见血、见骨，不打官腔不说废话，这对于一个学者来说是挺好的，而作为一个高层官员，就会惹出很多麻烦。他在世界银行期间，就闹过一次大风波。大约是 1991 年 12 月份，在世界银行的一次内部交流中，他提出了一个问题，说可不可以考虑把那些污染严重的制造厂家，从人口密集的发达国家和地区转移到人口不密集的穷国去？他主要指的是要转移到非洲去。他的用词很有意思，即“under-developed, under-populated, under-polluted countries”（不发达的、人口不多的、污染不足的国家）——难道你还嫌有些国家的污染程度不足够吗？难道还要在“污染充足”和“污染不足”的国家之间搞污染的再分配吗？萨默斯这样写了之后，谁也不知道这个本单位内部的私人备忘录怎么就传到外界去了，立即在全世界引起强烈反弹。他是世界银行的首席经济学家，而且是主管国际政策的资深副行长，怎么可以有这种想法？于是引起了全球巨大的抗议，其中以世界绿色和平组织的抗议最为强烈，当即呼吁要他辞职。萨默斯不得已出来解释，说自己不是那个意思，说只是作为学术研究上的一种推论和思路提出来的。确实，现代主流经济学的研究常常把问题推论到极端状态下作逻辑推理，以逼近明白严谨的结论。

也就是从这个时候开始，美国和西方国家的很多媒体对萨默斯施加特别的“关怀”，常常以负面角度来报道他，他们知道他是个大嘴巴，讲话特别锋利，有料可爆。从这件事情开始，他与其他的一些哈佛校友在政治上闹得越来越僵，比如与当时的美国副总统戈尔。戈尔是个环保主义者(后来因此而获得诺贝尔和平奖)，因为这件事，本来萨默斯在从世界银行位置上做满期以后，被提名为克林顿总统的经济顾问委员会主席——这是一个很重要的位置，在此之前是鲁宾担任——结果却让戈尔把萨默斯给否了。直到十几年后奥巴马选上总统，才请萨默斯出马就任此要职。

萨默斯后来因为讲话锋芒逼人而不断引起不大不小的一连串风波。他回到哈佛担任校长后，在几个敏感事情上闹出“状况”。第一件事情是指责一个美国黑人教授 West。West 是哈佛新成立的“非洲和非裔美国人研究系”的大牌教授。哈佛本来就受到压力，说对黑人问题研究不够重视。萨默斯当了校长以后，有一次对 West 讲，你经常不上课，老是往外跑。意思是说他不务正业，要他把精力放在做学问上。这个教授一听就火了，一气之下就说“老子不干了”。这个事情一闹开，在美国立即牵涉到最最敏感的种族关系难题。萨默斯自己是个白人——他应该是哈佛历史上仅有的犹太人校长。这个事情一段时间里在美国引起很多媒体的炒作，萨默斯自己说这根本就不是个种族歧视问题，而且他在哈佛校长位置上也是重视黑人问题研究的，他本人也并不歧视黑人。虽然后来他与West进行了沟通，West当时也没有离开哈佛，但这个事情余波荡漾，使得很多人把萨默斯定位为“右翼分子”。

他闹出的第二个大风波就是他辞职前不久，在一次会议上说大学或研究机构里面，“好像”在数学和化学等几个领域里，女性相对来说比较少，杰出学者也不多见，是不是女性天生就不适合这些硬科学学科？他并没有说一定就是这样，只是将其作为一个科学假设的问题提了出来。但这个问题一提出，就又引起轩然大波。美国的女权运动是很厉害的，这样一来，搞得好几个大学包括哈佛在内的女教授们都出来抗议，弄得他很狼狈，只好又出来做解释。为了表明他自己不是这个意思，他马上采取了两个重要措施，一个是在哈佛大学招聘教员的时候，明确规定要增加女教师的比例。第二个是专门拨款，在一些基础科学方面为女学生提供奖学金，这些都是为了表明他没有内心里的性别歧视。后来有人去查了他的“老底”，发现萨默斯在世界银行期间，还专门提出和实行过大力拨款给发展中国家，去帮助这些国家的女孩和妇女获得更多更好的教育机会。真是好事不出门，坏事传千里。

Style（风格）锐利，Substance（实质）坚固

为了以上那件评论女性与科学成就的事，再加上萨默

斯在哈佛大力推动革新，伤害了一些既得利益者，被逼辞职(其实意识形态分歧是另一方面的深层原因)，我很为他抱不平。这不是说他没有做过错事，他当然做过。比如说，他袒护他的一个经济系的同事、名教授在俄罗斯以专业的身份地位谋私利是最糟糕的一例，这种糗事在中国学术界工商界司空见惯，在美国就难以摆平。萨默斯聪明绝顶，做事实在，直来直去，有时不免出口伤人，前面提到过的那位黑人问题研究教授 West 曾经打了一个比喻，说萨默斯就像是"一头闯进瓷器店的斗牛"。一头斗牛闯进了瓷器店，那还了得！他有太多的想法要去推动，又非常急躁，当然容易得罪人。我看萨默斯身上有两个大"S"：第一个"S"是 Style (风格)，第二个"S"是 Substance (实质)。我觉得如果要批评他的话，也只能批评他的第一个"S"即 Style 有毛病。无论是他在世界银行担任副行长的时候，以及接手鲁宾又做了美国历史上最年轻的财政部长(那是在 1999 年)，还是做哈佛大学的校长，在这三个众目睽睽的公职上，他引发的很多争议，我觉得大多数是第一个"S"造成的。

抛开学术水平不论——他获得过美国的"克拉克经济学奖"，得过这个奖的人，大部分后来都得了诺贝尔经济学奖——他真的是有很多坚实的成就的。在担任哈佛校长的那五年里，他做了好几件了不起的事情。他为哈佛募捐了十几亿美元的基金，在他任期内哈佛的大学基金达到 260 亿美元，而有八百多年历史的剑桥大学和九百多年历史的牛津大学却入不敷出，老本越吃越少，大牌教授常被美国乃至澳大利亚挖走。而且他还为哈佛大学扩大了跨世纪发展的地盘，在靠近哈佛商学院的 Allison 买下了一大片地，建设科学研究和教学的新基地——我去看过，一大块新校园。他任校长一开始，就进行了一个大改革，着手更新哈佛的本科生教育制度。哈佛原来的“大班课”较多，为了让刚进哈佛本科生学院的一年级新鲜人能够接触到最前沿的学术成果，萨默斯特别强调要在哈佛加强“小班研讨会”的训练，让这些新鲜人开眼界、开心胸、开思路，同时也加强了师生之间的沟通和交流。我在 1992—1993 年曾经在哈佛本科生院开过这样的课，那是几个学生受教的小班。在萨默斯担任校长之前，哈佛本科生院只有 34 个这样的小班课，到他任期结束时已经有 141 个了。

他做的第二件事我觉得也非常了不起，比头一件更加伟大。我 1985 年进哈佛的那一学年，哈佛的本科生一年的学费加生活费九个月不到一万七千美元(夏季三个月的费用另算，基本上是另加三分之一)，到 2005 年这一学年也就是他任期的第五年，已经涨到四万多美元了。萨默斯说这样不行，如果穷人家的孩子想翻身的话，就要让他们有获得良好教育的机会。所以他推出了一个伟大的新政策：凡是美国公民或永久居民，如果你的家庭年收入在四万美元以下，考进哈佛本科生学院后你的学费生活费全免，学校把你包下来，提供助学金加校园内勤工俭学所得，不会因为你家的经济困难而让你入不成学或走人。如果你的家庭年收入不超过六万美元，你的学费生活费相应地打折扣。很快这个“不需交学费生活费”的杠子调整到了六万美元，即凡是全家年收入在六万美元以下的哈佛本科生，统统免费，这样就使更多清贫家庭的优秀孩子受惠。你不要忘记，这是一所私立大学，是全世界青年人都想来念书的学校！他要是想赚钱，多少钱赚不来？

除了做出这件伟大的事业，萨默斯还做了另一件也很伟大的事情。他认为，现在很多名牌大学的学生都想着毕业后去投资银行对冲基金股票市场赚大钱，但是对人类文明更新、社会进步很重要的一些学科，如基础科学、教育学科、公共服务学科等等，赚不到高薪，很多优秀学生就不去读。萨默斯觉得这种趋势必须尽快扭转，所以他推出了一项奖励制度，对那些选择读不赚大钱的重要学科的研究生给予特别经济补贴。这不仅对哈佛大学这所私立名校有好处，更重要的是对整个社会和人类文明都有长远、深层的好处。萨默斯所做的这些，都属于他的第二个“S”即 Substance（实质），一定是会在历史上留下印记的大作为。

萨默斯的 Style（风格），还体现在他有时候会穿着皱巴巴的衬衣去上班，有时候会被记者发现他的两只脚穿着两只不同颜色的袜子，在会见来访者的时候把脚翘放在办公桌的边缘上舒服一下，手里拿着可口可乐大纸杯和汉堡包跟人讨论严肃的问题，当然还有言词锋利、出口刺人。但是，如果仅仅因为你不喜欢他的 Style 而看不到他的 Substance，那实在是一件极不公平极短视极肤浅的事情，是猥屑的人才观历史观占了上风。我的这个评价，深得我们香港科技大学第二任校长朱经武教授——他是美国科学院院士、美国工程学院院士、中国科学院海外院士、台湾“中央研究院”海外院士、香港工程学院院士、俄罗斯科学院海外院士——的赞同。他说现在太多的大学校长不敢得罪人因此不敢做开创性事业，太多的大学校长为着待在校长的位置上不下来而成天要世故投资公关，像萨默斯这样有胆识有魄力有远见有担当的名牌大学校长太少了，他一下台就更稀少了！

与中国的渊源

萨默斯与中国的渊源挺深的，许多人却不怎么清楚。大家也许还记得，中国中央人民广播电台国际部的“中广网”报道说：“2010 年 9 月 5 号到 8 号，作为奥巴马总统的特使，美国国家经济顾问委员会主席劳伦斯·萨默斯和副国家安全顾问汤姆·多尼隆来到了北京。短短的四天中国之行，满满的会见日程，媒体上少之又少的只言片语。两名美国重臣此访显得有些神秘。……9 月 8 日 上午，国家主席胡锦涛会见美国客人。……9 月 7 日下午，国务院总理温家宝在中南海紫光阁会见美国客人。……9 月 6 日 下午 6 点 26 分，有点姗姗来迟的美方代表团萨默斯打头，胖胖的他大步流星地走向副总理王岐山……”

萨默斯与这几位中国领导人见面会谈，乃是意料之中的事情，因为双方都是负责本国宏观国民经济政策和对外重大经贸关系的人士。而另一两位高层中国党务领导人也会见了萨默斯,却叫许多中国媒体和国际媒体猜测不已。中国国际广播电台采访我的时候,我很含蓄地做了一点解释。“曾经在萨默斯当校长的大学里念过书、现任香港科技大学教授的丁学良这样评价萨默斯:他不是一个常规性的官僚,他是一个大学者,是一个极其聪明的人,聪明得不得了,智商高,他属于天才型。对他印象最深刻的一点就是,早在1990年代初期的时候,他就讲,虽然二十世纪下半叶发生过很多重大的国际事件,最重大的世界事件是中国的工业化、中国经济的崛起。当时他讲这话的时候是中国最最困难的时期之一了,他能看到这一点,这是一个非常伟大的远见。在丁学良看来,萨默斯和国家安全事务副顾问多尼隆,是奥巴马现在能够推出的最重量级的代表之一了。奥巴马的这两位朝中重臣几天的访华之旅是表达善意还是捎来警告?他们在传达什么?丁学良认为,与今年3月副国务卿斯坦伯格一行的低调访华相似,萨默斯和多尼隆此行传递的是交流的信号,表示奥巴马政府在促进中美关系朝着积极方向发展。而在萨默斯和多尼隆话语中的关键词也包括经贸平衡和国家安全。丁学良说,最近两个月来,朝鲜和韩国因为天安舰事件发生了很多摩擦,然后美韩的军事演习,美国和太平洋周边14个国家的海军联合操练等等。在这些大问题上,中美关系出现了一些新的摩擦点。在美国和太平洋周边国家看来,这对他们是非常严重的和高难度的挑战。”

我还告诉记者们，出乎他们意料的中国高层党务领导人会见萨默斯的原因，要追溯到他当校长期间哈佛大学肯尼迪政府学院与中国官方高层的一个重要合作项目，就是从 2002 年起的五年时间里，肯尼迪政府学院为中国培训 300 名厅局级或更高级的官员，每年预算达 230 万美元。这是该学院第一次为其他国家举办这么大规模的培训班，也是中国官方和美国大学在培训中国高级官员方面的首度合作。按照我们中国人的传统说法，萨默斯在当今的中国，堪称是门生遍朝野。

2010 年底，做满两整年美国国家经济委员会主任的萨默斯又将回到哈佛，重任他的 The University Professor 教席。这是一个难以准确翻译成中文的教席，它是哈佛等美国著名大学所能够授予本校教授的最高一级，永远是用英文大写字母表达，如果硬是要翻译成中文，那也就是"大学教授"。可是在我们念书的年间，全哈佛有二十来位诺贝尔奖、菲尔兹奖、沃尔夫奖的得奖教授，而荣获 The University Professor 尊荣的只有九位，他们必须是对哈佛作出过非常特殊和杰出贡献的大学者。我一直找不到一个恰到好处的中文翻译法，也征求过其他地区华人教授的建议，有的建议翻译成"超级教授"，有的建议翻译成"最高级教授"，都不比我原来的译法"顶级教授"高明到哪儿去——也许可以翻译成"至尊教授"或"(至高)无上教授"?

不论怎么翻译，萨默斯是值得享有这个至尊头衔的。哈佛校方后来没有亏待萨默斯，萨默斯一辈子更没有亏待哈佛。

小楼风水好，奇人真不少

哈佛大学文理学院研究生宿舍
理查兹堂一层的居者们

- 为什么不重返故地？
- 难以忘怀的斑斓群体
- “我进来打个招呼就走！”
- 弯不下腰系鞋带的天才
- 他让我在大革命两百周年的法国如此潇洒
- 一位青年数学家的宗教情怀
- 在那家最古老的烟草店里

凯尔、我、汉威，身披博士袍

从1985年8月末迁入哈佛大学文理研究院的研究生宿舍理查兹堂(Richards' Hall),到1993年2月离开哈佛,我在坎布里奇市(按中国标准是个大镇,约12万居民)这个全美国乃至全世界最伟大的小城里,作了七个半年头的临时居民。其中六年半的时间是作学生,一年是工作兼将我的博士论文修改成专著出版。"坎布里奇"的英文名字Cambridge原本就是"剑桥",因为哈佛大学的创始者们是英国剑桥大学的毕业生,为着纪念母校,他们就把哈佛大学的所在地命名为"剑桥"。国际上曾经把剑桥大学和哈佛大学之间的经济学理论论战称为"老新剑桥之争"。老一辈的中国翻译者为着区别两个剑桥,只好把新大陆上的剑桥镇音译作"坎布里奇"。美洲新大陆上很多地名都是从欧洲旧大陆带过去的,比如"纽约"(New York)的意思实为"新约克"(York即"约克",是英国的一个地名)。在美国中部的地图上,我还见到过Canton(广州的老式英文名),不知是否与咱们国家的广州市有历史渊源?应该是有的。

前几年每当我回答国内熟人们生人们的问题"你在哈佛读博士花了几年时间"时，提问的人听了我报的数字后瞪大了眼睛,我总要解释一番:那个时代不到七年拿到哈佛大学社会科学的博士学位已经不错了,因为那儿的学位要求非常繁复。根据1990年所作的一项统计,哈佛大学社会科学系科的学生平均花费八年三个月完成博士学位,这其中大部分是美国本国学生,没有语言障碍。在人类学系和历史学系,我们念书时十年以上尚未毕业的老牌研究生并不罕见。社会学系最长的一位美国学生至少花了十四年，以至于有的同学背后称他为“我们系里的历史遗产”。哈佛大学研究生的窖藏年份虽然不短，比较起哥伦比亚大学的研究生，又显得太青嫩了。因为直到1990年代前期，哥伦比亚大学基本上没有年限规约，你只要完成了博士必修课程的学分，通过资格大考，进入作论文的阶段即成为“博士候选人”，就可以离开学校所在地到地球上的任何地方，边工作（或边游荡）边写论文。若论文完成后水平合格，你只要补足所有这些年里的学籍注册费（约数百美元一年），就可以毕业了。我很要好的一个美国朋友到我离开美国的那一年，还没有拿到她的哥伦比亚大学教育学博士学位，她入学是1970年代后期。她成天忙着做环保和古旧建筑物维护还忙不过来呢，不过她把那么多年的学籍注册费都存在一个单独账户里了，不小的一笔专款，立志专用。

为什么不重返故地？

直到2007年夏天，我才第一次重返母校，这对于我个人是一次有历史意义的旅程。我离开哈佛已经有十四年半，虽然其间我多次去过美国，却一次也没回过哈佛大学所在地波士顿。最近我自己检讨了一下，突然醒悟，凡是我长住过的地方，离开之后就很少回去。纯粹为了怀念而故地重游，在我还没有过先例。匹兹堡是我到美国的第一站，在那里住了十个月，和王小波李银河夫妇做邻居，但我至今也没回去过。我非常喜欢澳大利亚，但我自从1998年年底离开之后，也再没有回去过。看来，我曾长住过的地方都不回去，绝对不是我对那里没有感情；相反，越是有感情的地方我越是不愿意回去，因为不回去，才可以在我脑子里心灵深处留下一个没有尽头的遐想的空间。

离开波士顿后，我偶尔在电视上看到那儿的新闻，尤其是关于哈佛所在的坎布里奇镇，我的眼睛就不敢离开，生怕错过一点点镜头。我记得曾有一次看到美国的电视新闻报道那里下特大风雪，波士顿的冬天本来就非常冷，我看着电视里我曾经多次走过的街道眼泪都流出来了。我2007年8月回母校时住的宾馆，就在哈佛商学院旁边，环境非常安静。哈佛一位朋友告诉我，这家宾馆现在在全美国都非常出名。在我看来，这是一家很普通的宾馆，一晚上的房费也才185美元——这个价格在坎布里奇镇根本就不算贵了。坎布里奇镇大概算得上是全世界房价最贵的小地方了，因为有哈佛、麻省理工学院等著名学府在这里，正是它们带动了房价持续上涨。原来，这家宾馆的出名，是因为2001年发动“9·11”恐怖袭击的恐怖分子中，至少有两人在发动袭击前曾经住在这里。他们为什么会选择住这里？事后分析，很重要的原因就是这家宾馆既靠近名校，又非常安静不引人注目，同时生活上交通上也非常方便。

我重返哈佛的两周时间里，四处访旧，有一个地方是绝对不会漏掉的，那就是哈佛的北园(North Yard)，北园在哈佛大学最核心的哈佛园(Harvard Yard)的北边。本科一年

身后是哈佛先生塑像,他盯着马萨诸塞楼,校长的办公室在该楼的一层

级的学生必须住在哈佛园内,除此之外,只有校长办公室在哈佛园内。从这点就可以看出哈佛和国内众多大学的深层理念差异:哈佛是把一年级本科新生当做自家最小的孩子,要放在最宝贝的地方,天天和校长在一起;而国内许多大学是把一年级新生放到郊区的分部,因为没把他们当成自己的孩子。在英语中一年级本科新生叫做 freshman,fresh 是新鲜的意思,他们刚刚迈进大学校门,对什么都感到新鲜;他们头一年里所见到的人、经历的事,都对他们的智慧、情感、人生的成长,有潜移默化的巨大影响。哈佛把他们本科生涯最珍贵的第一年安排在哈佛园内,是让他们能体会母校悠久的历史、鲜活的传统和多元的文化。本科一年级新生在哈佛园内住哪栋楼哪间房,要经过抽签决定。因为园内每一栋楼、每一个房间,都可能有美国历史上的伟大人

物、特殊人才住过。这间是美国国父华盛顿住过的，那间是亚当斯总统住过的；这间是老罗斯福总统住过的，那间是小罗斯福总统住过的；这间是肯尼迪总统住过的，那间是比尔·盖茨住过的……所以，只有通过抽签决定房间分配，才是最公平的。

我们研究生不是学校最小最宝贝的孩子，当然没资格住哈佛园内。在哈佛的那几年，每天唯一能够放松一下自己的，就是从哈佛北园走五六分钟路到哈佛园北门，然后从哈佛园里再走两三分钟，从哈佛园南门穿出去，到哈佛广场，在那里的报刊亭买一份中文报纸。这个报刊亭已存在一百多年了，外号是“坎布里奇市非官方市政府”，虽然很小，但全世界各种主要语言稍微像样一点的报刊，都可以买到。我这次回到北园，特地去看了我当年住过几年的小楼理查兹堂。这个小楼只有四层，外墙是黄色，带一点赭红色，看起来非常朴素，但朴素中有一种单纯的美。在北园的建筑中，有的是十九世纪的建筑，理查兹堂算是新的，但也有半个世纪的历史了。旁边就是法学院学生宿舍，外表跟我们这边的小楼差别不大，但他们学院太有钱了（当时奥巴马也在那里念书，只不过我们无法预料那一群人里面要出美国历史上第一位非裔总统），每周末的晚会都是丰富多彩，而我们每学期都办不起一次那样高标准的晚会。

我从国外回到国内，太多的地方给我的感觉就是变化太大，让我极度失望。建筑、道路、树木等等，稍微有点年份的，都在成片大量地消失。中国是一个不断毁掉自己历史的民族，却成天吹嘘自己有三千年、五千年的文明，美国人从来不敢吹嘘自己的文明有多么悠久，但美国却把自己文明的每一个时段都保存得很好。我这次回到哈佛，站在理查兹堂前，就发现离开十四年半了，这里几乎没有什么大变化，连窗户外面那几个长凳子，都还好好地放在那里，它们是给学生乘凉、晒太阳、闲聊、夏天打个盹的。没人坐的时候，小松鼠就在那上面翻大顶练体操。

按研究生院方的明文规定，哈佛北园的宿舍，只允许住一年，而且只允许一年级新生住。因为哈佛周围的房子太贵，一年级新生人生地不熟，很多人经济上也不宽裕，等一年后熟悉了周围环境再出去租房子。我却很幸运地在理查兹堂住了两年，第三年则在旁边一栋十九世纪的建筑帕金斯堂(Perkins Hall)里度过。但我对帕金斯堂印象并不深刻，大概是因为帕金斯堂太大了，学生太多，没机会互相交流。而在理查兹堂，一层才 24 个房间，住 23 个人，有一间是共用的电视房，大家像一个小社团。我能够在北园住那么长时间，是因为每个研究生宿舍都有一个头，这人必须是二、三年级的，任务是组织大家搞一些业余社会文化活动。学校不给他发工资，但好处是可以免交一半的房费。我没有申请到一把手的位置，但我得到了一把手助理的位置，好处是仍旧可以住在宿舍里。哈佛附近的房租那么贵，住在校内，当然是又便宜又方便，让我省下不少钱买旧版英文书，有些书上有作者的亲笔签名，时间越久越显珍贵。

难以忘怀的斑斓群体

理查兹堂让我这么留念，主要是那里曾经住有一批让我难以忘怀的伙伴，真可说是“庙小仙风大，池浅神龙多”。我们这一层的23个人，生活经历、阶级出身、文化背景、专业方向都各不相同，学校作这样的安排，就是让这些背景完全不同的人互相交流。法国大社会学家同时也是教育家的涂尔干(Emile Durkheim)曾经说过，一个人上大学，特别是上好大学，他的收获并不仅仅来自那些名教授，还来自他的同班同学、同届同学以及校友们，而且后者给他的教益不会少于前者。有很多人询问，现在有了网络技术，可以远程教育，还有必要花那么多钱送孩子到国外去上大学吗？我就讲，到国外去上一所好的大学，不仅是从老师那里学知识，更重要的是从周围的一切一切包括形形色色的同伴学习。

宿舍同层学生中有一个来自台湾，他非常用功，平常不讲话，见面点点头，每天凌晨四点就起床看书。这个台湾人身体特别强壮，俯卧撑一口气能做上百个，冬天还洗冷水澡。波士顿的冬天，可比北京冷多了。台湾人经常在房间里锻炼身体，一大早就发出不小的声音。有一次，住他对门的Tony实在受不了，就去敲他的门训他，让他声音轻一点。没等Tony开口，台湾人对Tony晃了晃胳膊上暴起的肌肉，Tony原是牛津大学学法律的高材生，到哈佛来念一年(现在已经成为英国最著名的大律师之一)，这么会讲话的人，竟然一句话都说不出来,吓得转身就跑了。不过那个台湾学生还是马上降低了声音,他只不过吓唬平时趾高气扬的英国佬 Tony 一下。直到临走前,他才告诉我们,他是台湾海军陆战队的少校,是军方派他来哈佛学习国际政治的。平时不大说话,是怕泄漏军事机密,然后朝我望了一眼。这是我们同层楼住满一整年,唯一听到他说的几句话。

本层宿舍还有一个同学,满头金发,长得相当帅。他知道我烟瘾很大,有一次突然对我说,可以从家里带香烟送给我,但条件是只能我自己或朋友抽,不能拿出去卖。我那时正因为学习压力太大,烟瘾蓬勃发展,而美国的香烟是非常贵的。果然,几天后他从家里回来,打开汽车的后备箱,给我带来八箱烟。一箱是十条,一条是十二包,这八箱烟至少要值一两千美元。他告诉我,他们家是烟草世家,他爷爷就是美国最大的烟草公司的大股东之一。他送我的烟是公司用于推广的,外包装上都印着"For Promotion"(用于推广)、"Not For Resell"(禁止再销售)——一旦再拿出去销售,就是违法行为。

白白拿了八箱烟,而且以后还保证免费供应,我就抽得更厉害了,每天 25 支以上。终于我的身体不行了,早上起来剧烈咳嗽,吐出来的痰浓黑。我一想,这样搞不好我就得客死异乡啊,去检查,医生对我说:"你现在只有两条道路,一条是抽下去,一条是活下去。"我选择要活下去,把戒烟的打算告诉我的小老弟 Kal,他二话没说,就把我床下堆的几箱烟扛到盥洗室,一包包拆开扔在浴缸里泡烂,冲入下水道。他曾经送给我一个玉石做的古董烟灰缸，他立时把这个烟灰缸也给砸了，我本来还不大舍得，他说砸掉的理由是让我没有任何吸烟的借口。

“我进来打个招呼就走！”

没有这个凯尔(Kal)，我很难想象我在哈佛的第一年会是什么味道。我刚到哈佛的头两三天就有人告诉我：北京来的一位访问学者受不了学习的压力，从三楼跳下来，没有摔死成了终生残疾，送回国后过得很悲惨，他还是学英语出身的。高压环境里时常给我以友谊抚慰的，首推凯尔。就以在美国十年间的平辈相交而言，还没有任何人跟我的友谊胜过他。在当时我们这一层的23个学生中，他的年纪最小，一头金发，皮肤非常白，比一般的白人还要白，带着金边近视眼镜，一看就是聪明得不得了的人。每天晚饭后，我就会关在房间里辛苦地读书、写笔记或作业论文，一般都会工作到午夜十二点以后。凯尔的房间和我的斜对门，到了十一点左右他就会敲门来看我，每天如此。我老觉得他是有什么事才过来的，当时我的口语不靓，不会用英语说委婉曲折的话，就直问：“凯尔，有什么事吗？”他用了一个非常委婉的句子：“I just come for sociable.”中文直译是“我来是为了社交的”。我查看辞典，sociable更隐晦的意义是朋友之间的交往和关心，但他又不愿直接讲我来是为了关心你——在美国，这样说就表明你生病或出问题了。凯尔每晚的几分钟来访——他一进来就宣布打个招呼马上走——让我体会到人在异国，身边还有一个小兄弟时刻挂念着我，这让我格外温馨感怀。

凯尔是一个非常有天分(gifted)的人，但我不敢用“天才”(genius)这个词。他拥有天才的素质多多，就只差一点：坚持不懈的力量。因为他的才能和兴趣太多方面了，总是不能约束住自己。他生于纽约一个犹太人家族，父亲是当地最著名的犹太教会里的拉比(Rabbi，犹太教会的长老)之一，出身背景是非常传统的。他从小在家里很少讲英文，主要讲希伯来语和意弟绪语。凯尔的几个叔伯哥哥都是美国名牌大学毕业，一个叔叔是哈佛大学肯尼迪学院的名教授。但由于哥哥、堂兄们都上的是最赚钱的专业，如医学、法学等等，凯尔偏偏叛逆精神强盛，非要找一个最不赚钱的专业去读博士，结果选中了人类学。人类学不赚钱的含义有两个，一是学习时间很长，一般在西方尤其是在美国好大学读人类学博士，除了在美国本土学两三年的课程外，必须到第三世界做所谓的“田野调查”(field work)，和当地老百姓同吃、同住、同劳动、同祭奠。这个阶段大概要持续三五年。回国后，还要花两三年来写论文，所以人类学常常要读上十多年。二是即便十多年读下来，花费了大量的财力和人力，还不一定找得到工作。我在美国那几年，连续三四年，全美国大学招收人类学系新教员的人数是零。一旦高等教育经费紧张，大学就会拿对美国没有直接利益关系的系科开刀。人类学研究的都是最不发达国家地区的事情，首当其冲。

就这样，凯尔有意带着反叛心态选择了这样一个最不景气、最远离商业社会的专业，进入了哈佛。进来的第一年，周末时凯尔就经常对我讲，他和在纽约念本科时的一帮好朋友，每两三个月就会去大西洋城赌钱。因为他们原来都是学数学的，博弈论学得最好，去赌钱很少输的。但他们也不以赌钱为业，每次只要把两三个月的生活费和来回的路费赢够了就收手。“丁，你跟我们去赌吧！”我当时有点半信半疑，还去问过一些人，有数学系的人告诉我，一些数学天赋非常高的人在赌场上确实赢多输少。于是我就有点动心，我问他要带多少本金去赌，他说一般不会超过 100 美元。于是我准备了 260 美元：100 美元本金，100 美元交通费，50 美元吃饭，加上 10 美元为了凑个吉利数——我们家乡农民说：“什么生意都能做，就是不能做二百五的生意。”但最后还是没去成，主要原因是我实在太累了，紧张得无暇可及。要是有宽裕时间，我一定要跟凯尔去学赌。凯尔每次回来都会跟我讲，这次他们中的谁赢了 400 美元，谁赢了 300 美元，最少也赢过 200 美元。

凯尔不单数学好，他的语言天分也很高。他在美国生美国长，英语自然不用说，在家里大部分讲古老的希伯来语和意弟绪语，同时他学了日语，又学了德语，他的俄语和法语也懂一点点。在哈佛修好了课程，凯尔对我说，其他人都跑到非洲、拉丁美洲去做田野调查，他非要走一条不同的道路。最后，他选择到日本去做人类学。一般来说，一个国家的都市化程度越高，原始的部落就越少，可做田野调查的范围就越小。凯尔不但选的国家独特，他选的专业分支也很独特，他选择做都市人类学的研究，在日本研究传统文化同现代医学体系之间的关系。他把发达国家社会里资源最丰富的领域同人类学最古老的传统联系起来，这是非常聪明的一个角度。

尽管凯尔在日本的研究做得挺不错，但他讨厌日本人。这大概有一点是受我的影响，我不断给他灌输关于日本的负面信息，不仅是日本当年侵略中国，我还特别讲我和日本人的接触，发现日本人的心态狭隘排外，而中华传统还是有不少多元文化的东西。凯尔到日本后，发觉就像我所说的那样，和日本人打交道总是进不了人家的圈子。凯尔一次和他女朋友外出做田野调查，忘了及时交房租，等回来时就发现行李已被房东扔到了院子里。这件事让他觉得日本社会一点都不宽容，一点都不理解人，一点都不人道。

凯尔后来在以色列教了两年书，在住处楼上亲眼目击了以色列前总理拉宾遇刺。他把目击的东西和反思用英文写给我，他的英文生动俏皮得不得了，现在已经写了两部小说，发表了一篇医学小说，目前他在美国威斯康星大学一个校区的人类学系任教。

弯不下腰系鞋带的天才

假如说我不用“天才”一词形容凯尔，那我就不能不用这个字眼形容我们那一层楼的布兰福德(Blanford)。在我们小群体的几个传奇人物里，布兰福德是唯一被凯尔誉为我们理查兹堂的灵魂人物的人。他当时在哈佛大学英美文学系攻读博士，形象上颇有几分古典文学、话剧中的律师或学者的韵味，脑袋极大，头发稀疏，浓密的胡须虽还没有达到马克思的程度，至少也是后者的一半。生活作风和为人处世上，布兰福德也完全不像一个现代人。总之，他一点都不像一个“50后”只有三十几岁的人。

布兰福德的生活习惯也是与众不同。他早上11点半左右才起床，要到凌晨三四点才睡觉。别人吃午餐的时间，布兰福德刚吃早餐；别人吃晚餐的时间，他吃午餐。而到了很晚很晚的时候，他才吃点夜宵当晚餐。在我们这层楼的正中间有一个Common Room，就是公共餐厅，正中一长条桌子，餐厅的阳台延伸出去，很宽敞，外面是大草坪。每天夜里是布兰福德精力最充沛的时候，当他吃完中餐后（也就是其他人的晚餐），所有的人都会围在餐桌旁听他讲话，听的人偶尔也会问一些问题，但基本上都是他在主讲。在美国那么多年，我还没有遇到过比布兰福德的英文口语表述能力更优秀、更生动、更有趣味的人。他被哈佛大学英美文学系的教授们公认为是自从1960年代末以来的十五至二十年里，该系招收的最出类拔萃的研究生。用凯尔的话来讲，任何人和布兰福德交谈不到五分钟，就会发现他是个天才。布兰福德所学的专业是英美古典文学中的诗歌传统，但他的知识面之广是非常罕见的。我们那一层23个人来自不同的国家、不同的专业，有学历史的，学比较文学的，学物理学的，学化学的，学数学的，学医学的，学心理学的，学人类学的，学社会学的，学经济学的，学行政管理的，学国际关系的，学法律的，学教育学的，差不多所有主要学科的学生都有。但是，所有的人都承认，在他们各自所学的领域里，布兰福德都知道得很多。布兰福德的语言理解和表达能力非常之强，和别人交谈几句话，就能把对方因语言限制想说又说不清楚的问题表述得一清二楚。

我们这一层的大部分学生在 Common Room 吃过晚饭后闲聊一会儿，就会陆续回房间抓紧时间看书学习。还留在餐厅里的，一般就是布兰福德、凯尔，有时候还有牛津来的托尼(Tony)和弗兰西斯(Francis)、汉威(Hangwei)。一直聊到午夜了，其他人陆续离开，就只剩布兰福德一个人孤独地坐在那里。在那时，任何一个走过那里的人问他一个问题，他都会很开心——他的精力似乎是用不完的。我们这群人读书读得非常辛苦，尤其是像我这样母语不是英文的，从课程进程上来讲，要踮着脚尖才够得着中上游。布兰福德是我们这一层中唯一一个在谈笑间就能把自己所有的课程都解决掉的人，而且有足够时间去读与他专业没有关系的书籍。布兰福德不仅博闻，而且记忆力非常好，他的博闻强记在我一生中所遇到的同辈人里名列前茅。

布兰福德出生在美国费城旁边的一个小镇，叫做兰开斯特(Lancaster)。他的家庭非常保守，好几代人都是虔诚的天主教徒，天主教徒比基督教新教徒更保守。布兰福德自己也是一个虔诚的天主教徒，但他虔诚的信仰并没有使他成为一个愚昧闭塞的人。他什么都读，他对其他宗教的经典从来不采取一种封闭拒绝的状态，他读孔子、老子、庄子，还读伊斯兰教、犹太教的经典，也读马克思。天主教对《圣经》的旧约和新约都信，而犹太教只信旧约部分，不信《圣经》的新约部分。凯尔由于爸爸是犹太教会的拉比，从小耳濡目染，可以用希伯来语从头到尾大段大段地背诵《圣经》的旧约部分。以凯尔这样的宗教背景，布兰福德照样可以和他就犹太教典籍问题对答如流。

布兰福德与我在理查兹堂前面

布兰福德对所学的课程应付得太自如了，在第一个学年结束时就被他所在的英美文学系聘为助教，而且教的还是主讲性质的课程。我们通常要在第三年才能成为助教，并且只是给教授担当助手，不能独立讲课。布兰福德讲课极受欢迎,经过口耳相传,在哈佛本科生中赢得赞誉一片。他是一个很敬业的人,平时可以马马虎虎,但去讲课的时候是非常注意仪表的,穿上西装打好领带,头发胡子也梳得整整齐齐,甚至喷上几滴香水。但他的肚子实在是太圆太大了,圆大到了从来不能玩下腰来给自己系鞋带的地步。所以每次他都会以哀求的眼光,希望得到我们的帮助。

我们研究生宿舍每个人的房间都是一样大的,布兰福德的房间我很少进去,除非我有语言问题要问。他的房间里只有两样东西——书籍和衣服,不仅书架上摆满了书,地板的三分之二面积被书占着,还有三分之一扔满了他穿过的衬衣和外衣。每过一个星期,他把所有能穿的衣服都穿遍后,一个美貌而有几分贵族风度的女研究生伊丽莎白就会跑来,像仆人一样把他的衣服拿去洗衣房,洗干净,烘干,熨齐,再叠好送回来。当时我们还怀疑他们之间是不是有什么猫腻,后来,我、布兰福德、凯尔、弗兰西斯、汉威几个人成了亲密的朋友后,我才知道,伊丽莎白出身豪门,又嫁给了非常有钱的人,被丈夫像王妃一样地宠爱着,动不动就请她去欧洲享受周末——就像布兰福德自我调侃的,“我们学习累了烦了就去哈佛广场转一圈,伊丽莎白累了烦了就去巴黎伦敦转一圈”。只是出于对布兰福德极度的崇拜,伊丽莎白才心甘情愿来帮布兰福德洗衣服——她在自己家里都不会染指这活儿。

布兰福德有很多孩子气的东西,他的胖就和他喜欢吃甜食有很大的关系。他对甜食完全没有抵抗力,像孩子一样迷恋。我自己也很喜欢吃冰淇淋，哈佛所在的坎布里奇镇就是北美洲的冰淇淋故乡，冰淇淋品种最多、品质最好、价格最便宜，小巷子里到处都是冰淇淋店。我每天晚饭后，都会倒上一杯威士忌，拿一碟冰淇淋，潇洒个十五到二十分钟。这时布兰福德就会投来羡慕的目光，内心充满挣扎，脸上的表情就明写着“请不要诱惑我，你知道我是抵抗不住的”。

布兰福德在专业上非常了不起，部分是由于他是一个虔诚的天主教徒，对于宗教典籍的解读诠释追根究底，体会细腻。他的博士论文题目是“英国十七世纪至十八世纪的宗教诗歌”，选择了自己最擅长的领域，一是神学，二是英国文学，把神学和文学结合在了一起。他的博士论文通过后不久，就被剑桥大学出版社作为全世界最优秀的研究宗教和英语文学之间关系的系列研究著作之一，出版发行（*The Triumph of Augustan Poetics: English Literary Culture from Butler to Johnson*）。但是，布兰福德有些恃才傲物，他只会因学识而佩服一个人，对财富、地位、资历、等级等等根本看不上眼，再加上他鲜明的保守主义政治观点，因此以后就得罪了他们系里的不少教授。

我和布兰福德之间的情谊非常深，那时虽然学习很累，但每天晚上我会去和他聊个十五分钟到半个小时。这一方面可以让我放松，另一方面也可以让我感受什么是最雅致的典范的英语。尽管布兰福德出生于一个非常保守的家庭，但他在知识上是非常开放的。我们在谈话的时候，大部分是由我提出问题,他来解答。布兰福德的语言表达能力极其高超,在和别人谈话的时候,他一直是在循循善诱。通过和他的谈话,你对他有了更深的了解,对提出的问题有了更深的了解,同时对自己也有了更深的了解。一次我跟布兰福德聊到,在中国的古代经典中,我更喜欢老庄的哲学而不是孔子孟子的。我当时只是随口一说,但他竟然马上大段大段地背诵老子的《道德经》英译,而且把《庄子》英译本里很多精彩段落也讲了出来。这令我大为惊讶。他说他也非常欣赏庄子,庄子在他看来就是西方后现代主义的鼻祖。

布兰福德对中国菜感到十分惊奇。美国人吃菜通常是不吃动物内脏和头尾的,而我特别喜欢吃鱼,尤其喜欢吃鱼头,他对此非常惊讶。美国人吃鱼是不吃全鱼的,通常只吃鱼中间的那部分。有一次他看见我盘子里放着一条又带头又带尾又带皮的鱼,感到非常新奇:"Ding, you eat fish with a head!"(丁,你在吃一条带头的鱼!)他当时的表情就如同孩子见到小妖怪一样。我在哈佛的第一个学期末,在研究生宿舍的圣诞节晚会上,布兰福德的妈妈和妹妹也来了。布兰福德向她们介绍我是他最好的朋友之一,碰巧当时我也做了一条带头的鱼,他妈妈看了也表现出了同样的惊讶:"You eat fish with a head!"

布兰福德对我说,像他们这样的美国白人家庭的孩子,从小对中国的认识大都是基于幻觉。1960—1970年代冷战时期,他们在家里受到的教育是:即使苏联有导弹、有飞机、有大炮也不可怕,因为他们毕竟还是白人。当时美国最怕的是红色中国，说中国人不需要导弹、飞机、大炮，只要六亿人都跑到美国来，一下子就能把美国人全部压垮，中国人实在太多了！他说，小时候，他妈妈在吃饭时总要求他们不要浪费食物，要把盘子里的食物吃光，因为中国还有很多小孩子饭吃不饱，饿着肚子睡觉。小布兰福德老是对大人的这句话不理解，他认为既然中国的孩子们没饭吃，我为什么非要把盘子里的东西吃光呢？为什么不剩一半给中国的孩子们吃呢？他觉得美国的孩子应该和中国的孩子分享。

布兰福德说我是第一个和他有亲身交往的中国人，和我的交流使他改变了不少对中国的理解。同样，和他的交往，也使我改变了不少对于美国的理解。

他让我在大革命两百周年的法国如此潇洒

我们那一层还有一位来自巴黎的法国学生，叫让(Jean)，是个沉默寡言、面容矜持、教养高贵的小伙子，没多久也成了我的好朋友，主要原因之一是我们俩都爱吃，之二是我老跟他聊法国文学哲学历史人物对我们中国上两代以降青年学生的影响。让虽然沉默寡言，却有很精致的冷幽默，我后来发现他性格的多彩多趣是在法国重逢的时候。

让是法国最难进的高校之一、号称是总统总理部长摇篮的“法国国立行政学院”（也有翻译成“学校”）的学生，来到哈佛交流一年，是学财政金融学的。他出身法国银行世家，先祖是为法国国王路易十四的朝廷提供金融服务的，他爷爷他爸爸他叔叔都在银行业。他爱吃却不怎么会做，而我会吃也会做。每当他在共用厨房里做晚饭的时候，永远都是做同样的一道菜——在平底锅里用橄榄油炒海鲜加五颜六色的灯笼椒再加意大利通心粉条和洋葱条，永远都用一把小水果刀在手掌上切菜，并且永远都戴着耳机听古典音乐。我曾好奇地探问过他的这三个“永远”，他答曰：第一个“永远”是他烹调手艺有限，而这道菜味道好色彩好营养也好，不会吃得痴肥（含意深远——周围美国人吃得痴肥的可不少）；第二个“永远”是他刀工很好，同时为了清洁着想不用塑料刀板；第三个“永远”是他以美妙的古典音乐使自己不分神，抵制旁边人的烹饪花样可能产生的诱惑。

考虑到他的第三个“永远”中有我的一份责任，我就提议我俩每两三个周末聚餐一次，由我当大厨，保证从不重复，当然也绝不做好吃而不健康的菜肴。他一听乐坏了，提议他每次贡献一瓶法国香槟酒或葡萄酒。于是在他与我同住宿舍的那十个月里，我们的配合默契极了。每两三个周五的中午或下午我们在走廊里碰面的时候讲定是哪一天哪一顿，我就精心做两个小菜，他则要根据我选择的菜肴的原料和风格专门购置一瓶法国酒相匹配。然后我俩庄严地坐下，就着法国酒中国菜，海阔天空评说历史和现代，只是大部分时候他静静地听，我激情地说，因为我对他们国家的了解远远多于他对我们国家的了解。终于有一天他略带尴尬神情地疑问，为什么你谈到法国的时候，老是讲 revolution（革命），uprising（起义），red terror（红色恐怖），dictatorship

(专政)？法国早已经是 Republic(共和制)了，不搞那些暴力玩意儿了！我只好抱歉地告诉他，我们青少年时代受的教育，就只关注这些玩意儿。

没想到分别两年以后我们重逢，又是沾光"革命"，而且是非同小可的那场"大革命"。众所周知，1789 年的法国大革命，开启了现代世界革命运动的新时代新浪潮，这个我自小从中译版的法国小说中就知其一二。但有幸应法国政府之邀赴巴黎参加大革命 200 周年庆典，这可是我万万不曾想的机缘。这次庆典法国方面不仅邀请了各国政要，也向民间的文艺界、学术界人士尤其是青年一代敞开了筛选的小门。我当时还在哈佛读博士，被提名接到邀请后非常激动，立刻操办签证事宜。要知道这种大庆典况且在艺术之都巴黎，太多的人为了观礼提前几个月订好了机票、提前一两年订好了旅馆，像我这种情况按照正常流程根本来不及。这里要特别感谢当时的法国总统密特朗及其夫人，密特朗是个诗人，对我们这些不谦虚地说贫穷且尊贵的外国学生客人非常关照，他的夫人专门给法国外交部打了电话交代不要在手续上麻烦我们，特例特办，我们这才在最短的时间内通过签证并且提前来到巴黎。

到了巴黎，我们才知道许多宾馆订晚了的人不得不住在距离市区几十公里的卫星城镇，每天早晨三点多出发坐车转车进城观看表演和参加研讨会。而我们来自多国的学生代表则有幸被安排在距离市区不到二十公里的一座古堡里，园子里处处古树参天，见不到大片阳光；由于是政府资产，少有服务人员，地上积累下的落叶足有一尺厚。屋内所有设施不允许现代化，因为如果用空调会损伤那些古老的雕刻和绘画。虽然旧时代的厨房保存完好，但不能生火，于是我们只有出外在村民开的小饭馆里用餐。那是一个太美的小镇，老街道还铺着鹅卵石，农家院的围墙仅以片石垒就，名片《大鼻子情圣》的男主角杰拉尔·德帕迪约曾在那里拍过一部浪漫爱情片。早晨可以吃到村民自己烤的面包、挤的牛奶、摘的水果、制的奶酪，中餐晚餐还能喝到大木桶装来的家酿红酒。在美国时我以为日日以葡萄酒佐餐是贵族级享受，听当地人讲才知在法国平民生活中几百年来便是如此，这也是法国人虽喜肉食但心血管疾病远不及美国严重的原因，挖苦美国食物之粗鄙、美国可乐难以下胃是他们村民热衷的话题。

1989 年 7 月 14 日，两百年前攻占巴士底狱的国庆日是庆典的高潮。人们从四面八方涌来，清晨三四点便各自入场了。我们被安排在协和广场距离主席台二三十米的观礼台上，也许正是由于中国政府没有派官方代表团，我们民间人士才能得到如此尊贵的对待。太阳下山，夜幕降临，穿着当年国民卫队装束的仪仗队穿城而过；鼓声敲响，时空仿佛一下被拉回到两百年前的法国。美国人送来了独立战争时期的火车头，英国人运来了海军军舰模型，所有受法国大革命影响的主要国家都送上贺礼，我则一直将当天的纪念品保存至今。

当天的晚宴，主人方奉上了瓦海娜街归属法国总理府的地下酒窖中的藏酒，据说普通点的二三十年，年份久的可都是百年陈酿了，乃是国家稀有财产，需总理府总务长甚至总理亲自签字才允许开启。庆典之后，我的老朋友让带我来到瓦海娜街散步，我方知这些佳酿的尊贵。让这时已经回到他的母校“法国国立行政学院”，正忙于写学位论文。此番为了迎接我的到来，特意找来了他们家族几代人的两样首选——他们认为最般配的某个古老小酒庄的珍藏白葡萄酒和产自附近特定村子的鹅肝酱。但是让事先委婉地警告我：他请我去他的寓所餐饮，可千万注意别同周围的人多废话，不管这些人对你说啥都当做耳边风。我觉得他的告诫怪怪的，说我的涵养不受葡萄酒的影响，不会骚扰你的邻居。他咕哝了一声：“你可能会被骚扰。”到了离他寓所不远的地方我才体会他是多么体贴我——他住的那片老住宅区挨着一个红灯区，去他住处得穿过两条狭窄的弯曲小街，路边的神女不断地朝你调笑，你要搭讪可就走不了啦！

在让的三楼寓所里，我俩频频举杯为我们的友谊、为中法两国人民的世代交流、为法国美好的一切特别是她的美女和美酒干杯。楼下不远处，神女的嬉闹声悠悠传来。让精选的白葡萄酒和特订的鹅肝酱无比和谐，其味之妙，我开玩笑，别说在你这为了省钱租下的挨着红灯区的单人公寓，便是在巴士底狱的班房里请客，我也会昂然而去！

巴黎是一座神奇的城市，每个墙角都能挖出些文明和历史来，不经意的一块石头上也许便写着：某年某月某位作家、艺术家、公共活动家曾在此居住。一位纪念大革命研讨会上刚相识的法国学者开车带着我们四处奔走很是辛苦，我于是提出做东请他吃一餐饭表示感谢。但我也有个请求，希望他能介绍一处特别的所在。他将我带至丁香花园餐厅(La Closerie des Lilas)，在一条相当僻静的街道上，那是左拉、塞尚和海明威们曾以之为家的地方，还保留着过去的老旧模样，从原木桌椅、服务生的衣着到菜单和菜式。据说左拉成名前穷困潦倒，日日在此简单饮食、写作。老板同情他，允许他挂账，谁料日后这间餐厅成为重要文化遗产保留了下来。我点了左拉腰包稍宽裕些后最爱的两个菜：焗蜗牛和蒸羊脑，配了一瓶红酒，算是与法国友人话别。

巴黎真是浪漫地，街头常见年轻情侣长久地拥吻，姿态优雅，从清晨到月夜，不同时间不同景象，和电影上的一样，我忍不住感慨道。老朋友让做了个不易察觉的讥笑鬼脸，道：这都是巴黎市旅游局花钱请来的大学生，受训后的特别演出而已！我一听也乐了，我这个来自有“美国的雅典”之称的波士顿的土老帽，到了巴黎可真是受教啦！

一位青年数学家的宗教情怀

在我们这批 1980 年代初期去美国留学的中国学子的观念里，宗教总是和迷信联系在一起，认为信教的人都是知识程度比较低的人。但到了哈佛，发现事实并非如此，这可能算是我跟同宿舍的伙伴们交往中最受刺激的观察之一。我们那层 23 个人的年纪差别都不是很大，凯尔是最小的，其他人一般都是差个三五岁。除了布兰福德外，还有另外两个虔诚的天主教徒，一个是弗兰西斯，美国白人，学的是美国政治史，另一个是华人，叫 Hangwei。他不大会说会写中文，他说“Hang”就是汉字的“汉”，“wei”是威风的“威”。汉威是土生土长的香港人，好像从小上的是外语学校。由于方言上的隔阂，从中国内地出去的人，当时跟香港出去的留学生之间没有太多交往。汉威在理查兹堂的时候，开始我只偶尔去和他讲几句应酬话，在我看来，很难把他当成是一个中国人。我只知道汉威小的时候，就在数学方面很有成就，曾代表香港参加过奥林匹克国际数学赛，还获过奖。他大学本科上的是牛津大学数学系，到了念博士课程的时候，他就进入了全世界最好的数学系——哈佛大学数学系。但他却对神学更入迷，而且入迷程度比布兰福德更胜。每天晚餐后，就是布兰福德精力最充沛的时候。这时，开始天马行空地同别人聊天，能陪他聊天聊得最久的，就是汉威。

汉威跟布兰福德在一起时，很少讨论各自的专业问题——他们所讨论的基本上都跟神学有关。在西方，讨论神学问题与讨论哲学问题是永远联系在一起的。他们两个天天都在认真地讨论，如果对他们的专业背景不了解的话，大概会以为他们是神学院或者是哲学系的学生，完全不会想到布兰福德念的是英美文学，汉威读的是数学。他们的讨论一般是从晚饭以后开始，一直持续到深夜一两点。从他们两人严肃的讨论中间，我一下子顿悟出来，宗教研究和哲学研究难以分家，二者探索的，都是形而上的终极问题。

我常常在一边旁听，他们讨论中提得很多的名字有亚里士多德、柏拉图，而比这两个名字出现频率更高的是圣·奥古斯丁。在布兰福德看来，圣·奥古斯丁是最富有创造性的思想家之一。后来我发现，他们讨论的时间越长，面部表情就越是严肃，严肃得如同是在讨论生死存亡的问题一样。差不多每隔一两个星期，我就能看到他们两个的讨论深入到这种程度，好像他们的一念之差，马上要么就是上天堂要么就是下地狱。

后来处熟悉了，我时常和汉威开玩笑，说你应该去读哲学系或是神学院，而不是学理论数学。他问我是不是当真这么认为，终于有一天，他跟我说："我是不是应该去读神学这个问题，我是经过慎重考虑的，也许你是旁观者清，你的建议是对的。"他说这话的时候，面部肌肉严肃得都凝固了。

说实话，我们这些中国内地出去的留学生，当时绝大多数对香港留学生是有歧视的，最早我对汉威也是如此：第一，我们认为他们来自殖民地；第二，他一点普通话都不会说，更让人觉得他身上中国人的气味太少；第三，他又对神学问题那么感兴趣。可是，当我们慢慢交往深了以后，我发现他是一个非常诚恳、可靠、谦虚而执著的人。后来我们关系处得非常不错，虽然我与他只在一起住过一年，但他订婚时，竟然邀请我去参加他的订婚典礼。

汉威往后走上了一条相当奇特的道路。在研究生的第二年，他就经常跑到神学院去听课。不多久，他拿到哈佛大学的数学博士学位，立刻被他本科时代的母校牛津大学聘了回去。牛津大学数学系虽然在全世界排不到前三名，但至少能排上前十名。就在大家都很羡慕他的时候，他却给了我们一个惊回首：在牛津待了一年，他竟然辞职回到了美国。一方面，他觉得数学总是不能把自己的心牵住，同时多多少少也有经济方面的考虑。他说当时在英国的大学教师起点年薪是一万八千英镑，按照那时的购买力，只相当于一万五千美元，比我们在美国当助教的收入高不了一点点。回到美国以后，汉威找到了一份出乎我们意料的工作：到华尔街去做投资和股票市场的数学模型。在1990年代初，他一年就能赚十几万美元了，而这是在英国收入的五到六倍。在我们这些研究生眼里，这简直就是一步登天了。

然而汉威永远不会让我们不惊讶，就在我们瞪大眼睛羡慕他的时候，他又为我们制造了另一个惊回首：在华尔街工作了不到两年，他毅然决然地辞掉了年薪十几万美元的工作。在已经拿到了哈佛数学博士学位的情况下，他又报考了神学院。在我的记忆中，他大概是在普林斯顿念的神学。在与神学院的面试教员面谈的时候，人家就发现他对神学入迷，对神学问题刨根究底，不仅仅把神学问题当做是研究对象，而且还把它当做自己人生中最重要的知识问题，神学院负责面试的人对此感到非常惊奇和欣喜。

在他入读神学院以后，我们就再也没见过面，后来布兰福德告诉我，他在神学院念得非常杰出，拿到了神学院极具声望的一个荣誉称号，毕业后，在纽约州的一个教区担任类似教长的工作。对于我这样背景的中国内地留学生来讲，汉威身上有几点是永远忘不了的。第一，在他和布兰福德讨论神学问题的时候，你是无法把神学和迷信联系在一起的，那是一个极其精深的本体论问题和终极知识问题。第二，在他身上，有着一种为了追求人生的终极真理可以放弃一切金钱利益的精神——他后来是否成家、结婚，我也不得而知。

汉威虽然是个华人，但是他的精神世界却完全是美国式的。在全世界经济最发达的国家里，就数美国的宗教影响最大。我们中国有时候在很多问题上与美国发生摩擦和误解，要说中国对美国最深也最根本的误解，不在政治行政层次，不在权力分配层次，而是在宗教层次。在美国，无论是在教育、政界选举、社区活动、家庭生活或是其他方面，宗教影响的力量强大又深刻。最基本的原因就在于，美国最早的移民中，多数人是在欧洲老世界因宗教信仰问题受到排斥和迫害，逃到美国来寻找宗教自由的清教徒。在美国，宗教对社会各方面的影响，就像盐对海水的渗透。最好的私立高等院校中，有大约百分之九十五的学校在最早的时候都是跟教会联系在一起的；最好的医院里，有百分之八十最早也是跟教会联系在一起的。

中国要想减少同美国交往过程中所产生的误解，必须要好好研究宗教对美国社会、政治、文化、家庭的影响。在马克斯·韦伯的《新教伦理与资本主义精神》中，革新的宗教就被看做是资本主义在美国发达的伦理基础。在全世界的富裕国家中间，美国民间捐赠的比例是最高的，新教鼓励人们把自己的财产捐赠出来，像盖茨、巴菲特和早年的哈佛（哈佛学院因他的捐赠而命名）之类的慈善家，在美国并不罕见。清教徒提倡勤俭节约，反对奢华纵欲，美国的高遗产税则是防止美国的富豪子女们被黄金泡烂掉的制度保障。在美国，特别喜欢露富的大多是亚裔人，尤其是华人，真正非常有钱人家的子女露富的不多。这个现象一方面得益于遗产税，同时也跟新教的影响有关：他们强调节俭和勤奋的进取精神。新教在马丁·路德改革之后，不再认为财富是罪恶的东西，赞许现世财富的积累，认为只要挣钱的方式正当，一个人的钱挣得越多，证明他在宗教意义上越成功，能够向上帝捐献的财富越多。他们应该把自己的财富用来回馈社会，回馈的对象主要有两个，一个是医疗，一个是教育。这两个领域既是现代社会花钱最大的两个方面，又是经济学理论中人力资本最重要的两个部分。在美国社会，人们捐赠的广度和捐赠的持续程度，非常令人感怀。像盖茨和巴菲特两个人把毕生所得捐出，他们两人慈善基金的总和高达八百亿美元左右，超过世界上许多国家一年的政府预算。

所以我常说，会挣钱的人是能人，而会用钱的人才是贤人和圣人。

在那家最古老的烟草店里

我把坎布里奇镇称为全美国乃至全球最伟大的小城，首要的当然是它拥有全世界最好的大学，不过还有更多的原因,这里我只说一个小侧面。那是 1985 年的秋天,波士顿地区的天气渐渐转凉,路边树上的叶子已变成了金黄。一个周末的下午,我坐地铁从哈佛广场到麻省理工学院前面的一座桥,桥下是查尔斯河。学建筑的人都知道,从波士顿市区沿着查尔斯河往阿林顿镇方向,就等于在北美的建筑史中逆时光行走。我走的方向顺着时序,建筑风格是由古老而渐趋现代和后现代。

突然,一座木质结构的老房子出现在我的面前。远看有些摇摇晃晃,外面是比邮筒更深的暗绿色。三条公路从它旁边绕行,形成了一个好似安全岛的三角带,就只有它孤孤单单地立在中间。这正是我此行的目的地:大波士顿地区甚至整个新英格兰地区最古老的一间烟草店。

房子外面没有任何招牌,门口也没有门铃。从初秋的天空撒下的阳光里走进去,没有灯,几缕日光从天窗透下,非常晦暗,眼睛一下子适应不过来。我叫了几声"Hello",一个人从里屋走到左手边的柜台后面。那个柜台也是木质的,就像是好莱坞讲述十八世纪开荒人的那种老电影里的一样,散发着像是经受了几十年、上百年烟熏的气味。他出现的时候,仿佛一支巨大的烟斗突然间升了起来。他的脸很黑很暗,眼睛和嘴唇一看就是长年和大量吸烟沉着的古铜色,眼白都被熏成了咖啡色。他也就四五十岁的年纪,身材高大壮实,嘴里叼着一支粗大的雪茄,香得不得了。二十多年了,直到今天那种香味似乎都还能从我大脑的回沟里隐隐渗透出来。

我向他简单地介绍了自己——一个外国来的学生，对烟草很感兴趣，特意前来寻访探宝。他告诉我，他已经是本家族的第四代继承人了，爷爷的爸爸便开始做烟草生意。遗憾的是几十年以来美国禁止与古巴的烟草贸易，拿不到最好的古巴雪茄，只能退而求其次，找到洪都拉斯的烟丝。他很友好，说先卷一支雪茄给我试着抽。储放烟丝的房间外人是不能进去的，里面也没有灯，他打着手电给我找。雪茄卷得很细，用他的话来说就是比较“嫩”，因为我没有抽雪茄的经验，他自己抽就要比较粗的，口感才厚实。雪茄卷完很长，他取下挂着腰带上的一柄精巧的银刀切断，告诉我说，好的雪茄是不能够用铁制的刀具去切的，因为铁器上有味道，会破坏雪茄口感中最细腻的部分。点这么好的雪茄也不能用打火机，因为会有燃油味喷出。新式的火柴也不行，要用老式的火柴，在牛皮靴侧面擦燃。我以前也是嗜烟的人，抽纸烟。当时在哈佛读博士学位，因为太累，正是烟瘾最厉害的阶段。一根火柴一包烟连着抽，一个下午到晚上就没了。可是接过他现卷的那支雪茄，深吸了一口，一下子就觉得以前抽的都不是烟，都不知道是什么东西了，混抽了十年。

我告诉他，除了烟我还喜欢酒。他说那你应该将二者有机结合起来，不要买那种现成的揉好的烟丝，而是自己亲手去揉，把感情揉进去。他建议我在他那里买三种烟丝，回去试试哪一种最喜欢。然后用自己最喜欢的陈年白兰地，滴几滴揉进烟丝里去，避开阳光直射晾干，这样点燃时就不只有烟草的味道，还会有一种干邑的淡淡的、甜甜的香味飘散在空中。你会非常享受的，他说。

他的那种对烟草发自内心的热爱，我还从来没有见过。我认识一些喝酒非常讲究的人，但是抽烟就没有遇到过任何人能够接近他的水平，直到今天也没有。

我不大会卷雪茄，他于是建议我试用烟斗，既健康也方便。卷雪茄是一门女红一样细致的手艺，我没有那个自信能很快上手，便老老实实地买了一支烟斗。回去以后，平时带一包烟丝在口袋里，过一会儿就拿出一点来点上，动不动就抽它两口，太好抽了，太开心了，又挺抖风。

后来医生劝告我在抽下去、活下去中二者择一。我做事情一贯要彻底要尽兴，如果既要保留对烟的美好感受，又只能蜻蜓点水一样轻轻地接触、不能深重地全方位拥抱，我自问没有那个控制力，就狠狠心把烟全戒了。二十多年来我从来没有再碰过烟草，周围如果有人抽纸烟的话，对我没有任何诱惑力，相反很为他们惋惜——既伤害了身体，也没有享受到真正的好东西，两无所得。但是碰到有人抽上等的雪茄，还是对我有严重的冲击力，因为我知道那玩意儿有多么好抽。这就好像，你好不容易把自己乘的小船掌控得比较平稳了，突然一条大船从旁边横飙过去，一下子就把海浪掀了起来，你登时发现自己所有的定力在这样的波涛面前形同虚设。

坎布里奇周围的大波士顿地区有很多这样的家族店、老字号，有些没有名字——最有名的一家海鲜餐厅就叫“No

Name Seafood”(无名海味)——一所小房子几十年、上百年地歪在那里，人们有意识地去保留和寻找这样的老旧东西。而我们中国如今的情况却是刚好相反，把老旧的东西都大干快上地摧毁掉，然后在它们废墟的头顶上，大规模地造假，系统工程地既糊弄现在，又糊弄未来。

每周五下午“花园研讨会”的主角

国立澳大利亚大学亚太研究院的东南亚高手

- 非敌对不设防之可能
- 每周五下午的研讨会是这么开的
- 西方意义上正宗的“新左派”
- “花园研讨会”的另一主题
- 敢不敢过这样的一种天然生活是个哲学问题

周五下午“花园研讨会”上讲授吃的文化与技术

我从1995年圣诞节到1998年圣诞节，在澳大利亚首都堪培拉住了整整三年，从此以后直到今天再也没有回去过，从此以后直到今天再也忘不了那一大片火红的土地，那一大片湛蓝的苍穹，那土地与苍穹之间淳朴的民众，那淳朴民众拥有的无比丰富和单调。

你要问我为什么对澳大利亚抱有那么厚实的烂漫情怀，道理很单纯，单纯得如同那儿的老百姓一样——因为那儿的生活太悠闲了，有时悠闲到你感觉着累。

非敌对不设防之可能

前不久联合国公布了"世界人道发展指数"(Human Development Index)2010年度排名表——"人类发展指数"是国内通行的翻译，实际上我认为应该译作"人道发展"更确切，因为其内容包括健康、教育、人均经济水平等等指标，而不仅仅是居民的体质——第一名是挪威，第二名是澳大利亚，第三名是新西兰，中国第八十九名；2009年度排名表中澳大利亚也是第二。如果你关注一下过去二十多年来"全球最适合居住的城市"名单，也能看到类似的现象：前二十名的城市基本上集中在北欧、澳大利亚、新西兰和加拿大，分别靠近地球的南北两极。

在澳大利亚，因为生活条件和环境太优越平和了，当地的人常常有一种在外人看来蛮好玩的大孩子心态。他们对你的任何询问的回答，一上来一定是"No worry!"，就是"别担心”。其实他可能是因为不能很快找到合适的答案给你，甚至对你非英语国家来的人用英语提的问题都没有完全理解(澳洲自有一套早先移民带来的英语发音体系，不同于英式，不同于美式，甚至不同于临近的新西兰式)，但开口“No worry!”一定让你听了很舒坦温心。这就是典型的澳大利亚人心态。如果与你更熟悉一点的话，他们还会再解释一下：我们澳大利亚地下的矿藏太丰富了，咱什么事不干天天躺草地上喝啤酒，也喝得起它二百年！所以在那里待着待着你会变得非常懒散、非常平和、异常厚道，没有一点点阶级斗争和国际斗争的意识。

去澳大利亚之前，我已经在美国而且是最自由主义的东部大学集中区待了十年，又在社会安定程度极高的香港待了两年多，对所谓开放型、法治全面的社会已有了相当的生活经验，但到了澳大利亚那里还是吃了“几惊”，头等的是被他们毫无外敌意识和防范心理震惊了。当时我在国立澳大利亚大学(The Australian National University)亚太研究院做研究员，一半时间“驻军”于专门研究大中华地区的研究中心。中心所在地是一幢可移动的大房子，按中国的建筑标准来讲有一层半楼高，非常长大，用特殊材料制作，轻且结实，而且防盗。需要移动的时候装上轮子，找拖重型集装箱的大车头拖了就走。在美国、澳大利亚这样的发达国家，凡有重大公共工程项目，立项之后向民众公示、准备和施工期间，都会用这样的房子作为承包工程方的指挥部。但这幢房子不同寻常，它曾经是澳大利亚全国最重要的两栋公共建筑之一——联邦总理府的建造总部，地位相当于在中国毛泽东写《论持久战》的延安窑洞。这一可移动房被当做有纪念价值的文物保留下来，国立澳大利亚大学作为直属联邦政府的唯一高等学校，好不容易才申请到它来做办公用。研究中心主任老安告诉我说，很久以前，他们甚至偶然在这座移动房子里发现了几卷当年建造联邦总理府最绝密的设计图纸副本，上面标明：哪里是总理的军事指挥中心室、发生战祸时总理和内阁成员从哪里逃生、遇到空袭时政府高层人士在哪里隐匿……历历在目。这可是国家的最高军事机密啊！居然建造完成后没有收藏包存好或是立即销毁掉，随随便便就丢在这里，全世界百分之九十九的国家都不可能发生这种事情！这位研究中心主任老安是美国人，来过中国多次，多少还有点阶级斗争和国际斗争的政治警惕性，他一下子惊呆了，这要是有外国间谍来买的话简直是无价之宝！他马上打电话给总理府办公厅，那边也吓了一跳，大骂：这些建筑公司的混账们，居然把我们的大楼建起来之后就丢下秘密图纸不管了！于是把建筑公司的负责人叫过去狠狠说了一通，人家 sorry 了几声，没事人一样拍拍屁股就回去了。这种事故要是放在别的国家那是犯罪行为，要是在前苏联这样的国家，至少要砍掉几颗脑袋；要是在朝鲜这样的国家，至少要砍掉几十颗脑袋。

我在那儿工作期间，1996 年李登辉选举搞出了“特殊的国对国关系”捣蛋宣言，引爆了台湾海峡的导弹危机，台海问题一下子升级成为国际大热点。沿太平洋多国商讨应对之策的一个研讨会选择在澳大利亚首都开，由我们亚太研究院对口负责。开会地点就在澳大利亚国防部大楼里，我对两个门卫说了一句我是亚太研究院的研究员，他们居然就恭恭敬敬地把我引进去了，啥证件都没让你出示！老天，我拿的是中华人民共和国护照，大楼里面全是参与国军方代表、大使公使加武官，我要是外国间谍那不完了嘛？正式开会之前有十五分钟咖啡时间，我跟坐在旁边的不认识的国防部官员没话找话闲聊。我问：都说澳大利亚是南太平洋军事实力最强的国家，真的吗？他说：这不是开玩笑的。离我们最近的大国印度尼西亚，人口两亿多，我们澳洲只有一千八百万，十分之一都不到。但是假如不幸开战的话（上帝保佑这种事情永远不要发生），我们可以在一个小时之内，把它搞定。澳大利亚空军和印尼空军之间的差别，就好比直升机和家养的老母鸡……他看我一脸将信将疑的表情，接着就给我认真负责地列举数字：我们有多少架什么样的飞机、多少艘什么样的军舰、多少多少什么样的先进武器……这下可把我给吓坏了，赶紧跟他说，够了够了，我快要记不住了。意思就是，你不要再向我泄露高级军事机密了，咱负不起这个责任！

还有一次，我带中国两位来参加国际会议的代表人士参观澳大利亚联邦国会大厦，碰巧那天国会里正在开会辩论。他们两位官员吃惊不小：我们北京一开两会从来都是戒严，人家国会开会还让外国人随便进去？事实上除了过一道安检门，其他一点问题都没有，他们倒不是怕你进去窃取情报，而是嫌外边来人进进出出妨碍会场秩序。国会大厅上部是巨大的圆形有机玻璃顶，外来参观的人可以站在上面清清楚楚地看到下面辩论的情况。两位中国同胞似乎是被感动了，我告诉他们，这国会大厦的玻璃圆顶设计里体现了一个重大的政治价值：人民才是政府的主人，主人是在国会议员政府官员们上面的，要看着他们，他们的一切作为必须透明。澳大利亚政府的廉洁和公正程度，在全世界都是名列前茅的，不信你查查看。

每周五下午的研讨会是这么开的

国立澳大利亚大学的内部结构跟其他的大学不一样，它下面分两大块，最核心的一块只做学术研究兼带研究生不教本科生，叫“高等研究院”(The Institute of Advanced Studies)，由十几个自然科学、技术科学、社会科学研究院或中心组成，类似于中国科学院，我去是到高等研究院里的亚太研究院(The Research School of Asian and Pacific Studies；王赓武教授在去香港大学做校长前在这里当过主任)做全职研究，给我提供了五年的研究基金。澳大利亚大学的工资水平不算很高，但是物价便宜——我五年的工资加起来可以买下一栋前后带花园的四居室三卫生间两车库一客厅的独立砖房，社会福利全面，保证你能够安心工作，无后顾之忧。在澳大利亚的那三年，最愉快的时光是每星期五的下午。每到这时，国立大学多个研究院所的同事和研究生们都会聚成一个个小团体，举行 Garden Seminar（花园研讨会），大家一边喝着酒，一边交流最近一段的研究心得或下一步的研究计划。花园研讨会通常在室外举行，澳大利亚首都是全世界最有名的公园城市之一，没什么历史人文的著名景观，但一年四季温暖如春，阳光如瀑，在这种露天环境中喝酒聊天海阔天空，十分令人心旷神怡，忘乎所以。

我们那一群专门从事亚太地区研究的专家来自二十几个国家，研究生大约有四五十人，也是来自世界各地。这个亚太研究院是澳大利亚联邦政府花大力气资助的，让它成为西方世界研究亚太地区特别是国际政治经济和军事安全关系的重镇，因为联邦政府认定澳大利亚未来是属于亚太地区，前途命运与之息息相关（陆克文当总理时又专拨一亿澳元巨款给予支持）。我最敬重最亲近最铁的两位兄长是 Harold Arthur Crouch 和 Benedict Kerkvliet。老哥哈罗德（Harold）是澳大利亚出生、在印度度过青年时光、娶了马来西亚贵族之女（跟苏丹王妃是同班同学和闺中密友）的国际人，脑子特灵，为人却温厚重情谊。他的研究领域是东南亚区域军队和政治的关系，至少会三种主要的外语，是英语世界在这个研究领域里的领袖人物。1997—1998 年亚洲金融危机爆发，印度尼西亚是重灾区，全国动荡不安，军事政变传言纷飞，由多国政治经济界首脑人物主持的“国际危机机构”（International Crisis Group，总部在比利时首都布鲁塞尔）马上成立“印度尼西亚危机中心”，哈罗德就是第一任主任。他做了两年到期，按国立澳大利亚大学的常规，全职研究员请假在校外任职两年后必须回校，可是实在找不到合适的接班人，只好由曾做过澳大利亚联邦政府外交外贸部长的“国际危机机构”主管亲自出马求情，才把哈罗德又留任了一届。

对弱势群体和贫困地区有情有谊的哈罗德，一看到2004年12月26日南亚大海啸的毁灭性灾难，马上就去设法帮忙。大海啸卷走了至少二十五万人口，扫掉了成百上千的村庄小镇，哈罗德帮受灾最惨的地区之一班达亚齐(在印尼顶北角，紧挨着地震中央)申请了一笔钱，重建被海浪冲毁了的校园，训练葬身大海的整整一代教师和专业人员的后继者。他担忧若是缺了这样的人力资源，那些贫困地区将永无翻身之机。他和太太两人住在灾区几年，身体力行，为当地青年人上课讲学。我给哈罗德打过好几次电话，提出飞去看望他俩，他婉转地劝阻，一是当地条件实在太差，住宿都不好解决；二来我又不会当地语言，去了帮不上忙，反而要他们照顾，添乱；三是那个地区全是穆斯林，老百姓极为传统保守，严禁饮酒，他怕我熬不住偷偷摸摸地喝，惹起了冲突——本地“道德警察”要狠打饮酒人屁股的。我被哈罗德讲的第三条吓得退避三舍。

哈罗德对我太知底细了。我在澳大利亚的最后一年，每周五下午的“花园研讨会”的选酒任务就光荣地落到了咱头上。所谓选酒，就是参加“花园研讨会”的每个人都掏一部分钱——通常我们多掏一点，研究生少掏一点多喝一

哈罗德选啤酒,我选葡萄酒

点——然后委托一个最会选酒的人去买酒,选酒的人要在一定的预算内买最佳的、最适合酒友们口味的酒回来。我为这个“选酒大使”的差事感到十分自豪,一个中国人,对于洋酒、葡萄酒的了解,能够达到让那些西方人都认可的程度,这的确让我感到骄傲。我在国立澳大利亚大学的另一位同事Peter,曾几次感叹地对我说:你做社会科学研究,真是白白浪费了你的才干。你要是给澳洲葡萄酒大公司做代表,到亚洲去介绍葡萄酒文化,做一个潇洒的“葡萄酒大使”,那才是好钢用在刀刃上。Peter的话诚恳又实在,让咱十分动心。

我跟哈罗德很多方面合拍,最合拍的是对喝酒兢兢业业而对领导马虎马虎,一不高兴了天王老子都不睬。最求同存异的是每次“花园研讨会”哈罗德首选啤酒，而我首选葡萄酒，但我俩对对方的偏好都看在眼里，放在心里。2002年春天在柬埔寨首都金边召开“东南亚政府和公民社会关系的演变”中型会议，我提前一天到达，细心“踩点”十多处，目的就是要为哈罗德找到能够提供最多种类好啤酒的酒吧——金边气候炎热潮湿，他一来就得有好啤酒压阵。第二天中午哈罗德驾到，满头大汗，气喘吁吁，提着一只口袋交到我手，打开一看，是从澳大利亚带来的我最喜好的两种Shiraz红葡萄酒。

西方意义上正宗的“新左派”

本(Benedict)老兄是地地道道的美国人，原本是在夏威夷大学政治系当主任，二十多年前被国立澳大利亚大学挖过来。他是做东南亚“三农”(农村、农业、农民运动)问题研究的，先是在菲律宾做，胆子不小，有时深入到游击队跟政府军打仗的地区，路上被全副武装的游击队队员拦截下来，盘问中间稍有引起怀疑的，轻者被关押，重者被一枪崩掉脑壳。他对农民反抗、农民革命、农民起义、农民战争的历史和理论极为了解，一半靠读书，一半靠冒着大中小型危险去是非之地。他关于菲律宾“三农”问题研究的两本专著(*Everyday Politics in the Philippines: Class and Status Relations in a Central Luzon Village*; *The Huk Rebellion: A Study of Peasant Revolt in the Philippines*)，在国际学术界被视为政治人类学和政治社会学的典范之作。他为人诚实，研究方法是苦干加苦干，长期与贫苦农民朝夕相处，从内部透视老老实实的农民为什么终于受不了要造反。与此相反，许许多多西方学者是巧干，要么是花钱雇第三世界国家的青年研究人员为他们在当地发问卷收集资料，要么每年飞一趟发展中国家大中城市，住在星级宾馆里找当地官员聊聊，临走的时候带一包政府统计表格，回去就天马行空地制造学术论文。所以我还没见着本老兄，就听到一大堆他如何能吃苦耐劳的佳话，对他挺佩服的。

本老兄和他的太太准备深海鱼宴

我到了国立澳大利亚大学五个多月以后，才同本老兄头次相会。他做了多年的菲律宾“三农”研究之后，觉得应该把另一种不同政治经济制度下的“三农”问题深入考察作个比较。他选中的是越南，一去就在乡下待了六个多月。他本来就高高瘦瘦，在越南农村熬了半年之后，人只剩下原来尺寸的一半，告诉我们自己吃得很差，又被蚊虫叮咬睡不好，每天汗流浃背把体内不多的一点油水都流失了。一回到堪培拉，开头不敢在室外太久，怕被一阵强风吹走，一段时间里走路他老提着根棍子，问他干吗，他说是给自己配条腿增加稳定性。我真可怜他，早已经就是著作等身、终身教授兼系主任了，还那么卖命做大多数年轻学者都不愿做的苦活。除了求知欲望强盛，就是对贫苦农民固执的同情。很快他的越南和菲律宾比较研究成果出版了，又是一部政治人类学和政治社会学的力作（*The Power of Everyday Politics: How Vietnamese Peasants Transformed National Policy*）。

我俩在“花园研讨会”中间聊天时，他常问我中国跟越南比较怎么样，跟菲律宾比较怎么样。我真希望他能够把他的“三农”比较研究也扩展到中国来。他说汉语太难学，到他这个年纪恶补也来不及了。当年也曾考虑过来中国做研究，可惜 1980 年以前中国对外开放的门缝太难进。他是 1960—1970 年代美国激进学生运动的左派，反对美国政府的越南战争政策，反对国内的种族歧视，反对大公司压榨第三世界国家的劳工，反对西方雇佣体制对妇女的不公平待遇，反对美国大学对贫苦学生的扶持不力，反对一切形式的强权和非正义。我说你真是一个好同志，他说是呀，“我要是出生在第三世界国家，肯定会是草根民权运动的头头，弄不好上山打游击去了”。本老兄这样的人是西方本来意义上的"新左派"优秀分子,始终对形形色色的强权不讨好、不迎合、不帮忙、不索求,对身边的和遥远地方的弱势者苦难群体抱着固执到底的同情支持。这跟中国国内那些自称"新左派"的,实在是白黑之分,羊狼之别,天地之差。

2010年初秋,他来香港参加一个国际"工作坊"(Workshop,目标具体的小型研讨会,多数是为着合作写书)。会议完了跑来见我,我俩轻轻巧巧顺顺畅畅地干掉两瓶陈年澳大利亚红葡萄酒。他人还是高高瘦瘦,精力还是丰丰沛沛,日程还是紧紧张张,研究兴趣还是勃勃昂昂,尽管已经是七十岁挂边了。临分别时,他塞给我一叠草稿,让我看看提批评建议,我一瞄文章题目,是分析越南经济"革新开放"(他们非得不用"改革开放"的提法)中的人权严重落差问题。果然,他还是与弱势者同忧共苦。

"花园研讨会"的另一主题

每周五下午的话题也少不了"吃"——我们那几十个人来自全球各大陆,北到冰岛瑞典挪威,南至新西兰,尤其是太平洋上的那些岛国送来的硕士研究生,在别的地方我很难有机会碰上。肤色各异的"非盲流"人士聚在一起,对各人家乡故土的描述像精致的冷盘小点心一样,配酒恰好。更重要的是,我们亚太研究院有非常杰出的文化人类学和经济地理学的专家,他们对各地区食物的研究是他们比较文明和比较经济结构研究的一个核心部分。澳大利亚本土出生长大的伙伴们总是谦和地听我们外来的和尚先念经，静静憨憨地品着酒不插话。直到我已经在澳洲生活了一段时间，才初步领悟到这块大地的奇妙。于是在往后的“花园研讨会”上，我就鼓捣澳大利亚同伴们也吹吹牛。听澳洲人讲生物课很开心，像听大孩子讲成人故事。去到澳大利亚之前，我以为地球上最古老的土地是两河文明发源的中东，但那是文明意义上的。澳大利亚的学者告诉我，从地质学上讲，地球上最古老的大陆是澳大利亚。早在一亿多年前，澳大利亚便与周遭其他的陆地板块分离了，相距越来越远。正因为它又古老又隔绝，在那之后的一亿多年里发展出来的生态系统就与其他的大块陆地都不一样。

在十九世纪末，澳大利亚人从南美引进了一些上好制糖品种的甘蔗。甘蔗种起来容易，其上下游长长的食物链却是亿万年演化的结果，在澳洲当然不能在短时间内找到对应。甘蔗田里的害虫没有天然克星，久受其害的当地人到了 1930 年代想到一个办法，再从夏威夷引进一种专门吃甘蔗田里害虫的毒蟾蜍。开始几年很开心，毒蟾蜍（学名是“甘蔗蟾蜍”）吃光了吃甘蔗的害虫，但没有动物吃毒蟾蜍。于是毒蟾蜍家族开始“人口爆炸”，以每年约五十公里的速度四处蔓延，一直扩张到了最北部的首府达尔文——再不甘心它们就要下海了。

攻城略地之外，它们也对本土的生物链造成了毁灭性的破坏。鳄鱼、澳洲野狗、袋鼠吃了毒蟾蜍中毒死亡，教育程度较低的原住民（土著人）误食毒蟾蜍或被其误伤的状况也不在少数。它们的数目足足达到了澳大利亚人口的五倍,接近一亿!但澳大利亚又是一个非常爱护动物的社会,当有些议员提议,大家结伴去户外打棒球、曲棍球、高尔夫球的时候,见到它们就用球杆一棍子打死,动物保护组织不答应了,认为这种方式太过残忍,不合“兽道”,应该活捉它们而后冻在冰柜里“安乐死”……各方意见争吵了很多年,除了用六种原住民语言拍摄成 DVD 教导当地土著人不要接近这些要命的毒物,也并没有更好的办法。其实在我们家乡,老一辈农民是吃蟾蜍的,他们会给它除去毒腺,味道极细腻极鲜美。传统中医中药还认为蟾蜍越毒,吃了它越能解湿热之毒,而且吃蟾蜍养颜,令皮肤白皙不长疮。这些都是我父亲说的,他是乡下的“牛郎中”即兽医,这些都多次实践过。不过中国的蟾蜍肯定毒性远比不上澳大利亚引进的毒蟾蜍,我也不敢教他们怎么学中国人,料理毒蟾蜍,吃出事故来我起码要负良心上的重责。

淡水在澳大利亚是最稀缺的,不然那一片大陆可以养活几亿人。淡水河流对澳大利亚人来说是宝贝,岸边的草和树也是宝贝,年年岁岁没有人去砍伐它们的结果是:水草和树根茂盛到把河道给淤积住了。澳大利亚人喜欢划个小艇出去游玩,但现在内陆航行不通畅了,怎么办呢?科学家们经过仔细研究,又做出了一个他们认为很了不起的决定——引入欧洲鲤鱼。这种鲤鱼比中国鲤鱼体形上大很多,专门吃淡水河里的草。这时候已经是 1960 年代,毒蟾蜍已经成了公害,但类似的问题又出现了。这种鲤鱼在欧洲是有天敌的,也有人去捕捉,但在澳大利亚二者都无。鲤鱼们吃完了树根草皮没东西吃就拼命找河床中淤泥里的腐殖质,把河床都啃坏了,清水变得污浊,河道两边看起来光秃秃挺衰败的。我到澳大利亚的 1990 年代后期,全澳洲至少有三亿条鲤鱼,条条一般都有四五公斤那么重,大的十多公斤。当地老百姓对它们啃坏淡水河床恨之入骨,举国上下一片讨伐之声。爱护生态的人们义务划着小船四处打捞,捉上来后就满怀仇恨地把它们扔在岸边晒干成粉末,撒到地里肥田。

澳大利亚的渔产非常丰富,三文鱼、彩虹鱼、金枪鱼都是既好吃又常见又不大昂贵的品种。当地人过去连鲍鱼都不吃的,小孩子捡到拿来打水漂漂,对这土腥鲤鱼自然看不上眼。而来自老挝、越南、中国的移民因为许多是低收入的,还有的是难民,不用钱买白吃还能卖点小钱(卖给更新来的难民)的鲤鱼对他们很有吸引力,他们专去河边打捞、收捡。但他们不大会做,澳大利亚人吃鱼要么过油锅捞后撒盐喷胡椒,要么野外 BBQ 用木火烧烤,用这两种方法处理这么大批量、品质没那么上乘的鲤鱼原料难免有些力有不逮。为了这个事我专门在“花园研讨会”上作了一个报告,介绍了我家乡金宝圩(在长江中下游,安徽南方宣城东北,邻近江苏省的高淳县)农民料理土腥味浓重的淡水鱼的办法:鲤鱼捞起后,把肚子弄干净,鳞保留;用干辣椒片(澳大利亚产的匈牙利辣椒更佳)拌海盐炒一炒,鲤鱼肚子里抹一点,外面的鱼鳞上则撒一点料酒来腌。澳大利亚非常干燥，两三个小时便可自然干，水分与土腥味被逼去流失，传统的涮羊肉式地吃也行，下油锅一煎更妙，BBQ 一下味道非常可口。如果一顿两顿吃不完，还可以码两倍的盐，晾十几个小时等它完全干燥，以锡纸包裹储存在冰箱里，可以保鲜两三个礼拜。等到要吃时拿出来隔水蒸一蒸，是一道配白葡萄酒和啤酒的上等菜肴。我的这个报告被同事们认为是把专业知识、外国文化、本地生态保护、低收入居民扶贫结合起来的典范。

澳大利亚人对大自然对生物真是厚道，对这些棘手又离谱的事情使不出狠招。即便如此，他们引进动物的教训也结结实实地证明：人类自以为是地去干涉大自然亿万年演变出来的漫长生态链，是非常愚蠢的行为，其后果是不可预料的，不管你是普通人，还是以科学的名义。大自然比人类要聪明得多。

敢不敢过这样的一种天然生活是个哲学问题

到了 1998 年年底，我即将离开澳大利亚前往香港，国立澳大利亚大学的几位同事与我伤心告别。那位稍有点阶级斗争和国际斗争警惕性的中心主任老安夫妇在家里精心设计了几道菜，我终于吃上了他们无数次夸耀的多味茄子。老安有个理论（我后来信服了）：世界上最擅长烹饪的民族就爱吃茄子，最不擅长的就不爱吃，因为茄子本身没什么味道。老顽童 Bob 举办了规模盛大的野外 BBQ，邀来吃客数十位。他快七十的人了,还每周末驾着四轮驱动越野车东奔西闯,探索没什么人去过的荒凉地方,有几次回来鼻青嘴肿牙出血,那是在野外摔的。他认定我一生作出过的最愚蠢混账的决定就是离开澳洲,他连故乡纽约都不留恋,香港比纽约更好玩?

前面提到过的皮特(Peter),研究非核武器化和国际关系中人权问题的学者——他后来辞别了美国长留堪培拉——邀请我去他乡下的家过圣诞节,以对他认为是澳洲最令人留恋的魅力留下长久的记忆。圣诞节前两天,他开了一辆大沃尔沃接了我们,陆续捎上其他的朋友,缓缓向堪培拉城外驶去。大约四小时后,他提醒我们小心颠簸,快要没有公路了。在公路与土路的交接处,他停了车,打开路边的信箱取东西。我非常惊讶,在西方触碰他者私人物品是很严肃的事情。也许是觉察了我的诧异表情,皮特向我解释道:他家距此还有十几公里,但这是他家的信箱。因为前面没有路,邮差不会递送到门口,只有自己开车往来取邮件。

远远看见一座中型大小的两层房子,他指给我们看那就是他的家。唯一的邻居在三公里以外;站在山顶放眼四处,能望见的所有土地都属于他的岳母。我惊讶得说不出话来:在中国就算一个县也不可能有这么多空旷的土地呀!他向我发誓,确证这不是玩笑。他岳母一家是第一次世界大战后从欧洲移民过来的,那时这里人口太少,政府为了让无人地带有人照看以免野火成灾,便将大片土地仅以象征性的价格圈了出去,你愿意接收过来还是一种爱国的表现。他现在房子所在的那块土地便是他岳母送他的礼物,皮特说如果我想要一小块土地,老人家也一定舍得给我一块,因为她无论如何也用不完,再活几百年也用不完。不过呢,如果你接收了,责任就也随之而来了。首先你要受训成为一名半职业的义务消防员,因为在这里失了火不可能单纯指望消防队赶来,懂得救火和相关的基本急救知识是成为这里居民的必要条件;而如果邻居失了火,或是周围发生山火,主动参加救援就是公共道德和责任了——我一听头皮都麻了。

他们的生活的确是令人羡慕的:房子是自己盖的,建材就是木头;没有自来水,自建蓄水池和水塔接天然水;不通电网,发电用太阳能;没有电话也没有网络,如果不在屋顶装一个卫星电视接收器和拥有一部车,就整个与外界百分之百隔绝。好在还有一套发送警报的设备,家里有人生了病或是遇上什么突发情况,附近警察局的人会第一时间派来直升机救援。圣诞节期间的澳洲正是夏天最干热的时候,我们晚上不愿睡在屋里,把床铺搬到走廊,外侧就是大草地。躺下望向苍穹,南半球的天空离人特别近,近得好像用手就能摸得到;星星繁密,月亮璀璨,让人有一种用竹竿拨弄它们的冲动,又怕打碎了它们,是那么亲密。沉沉睡到夜半,忽然,远远有低沉声音传来,像是电影配乐,越来越近。朦朦胧胧苏醒,突然有些紧张,一下子坐了起来,睁开眼一看,怔住了:几匹白色的野马从远处奔驰而来,又飘然而去,就像童话中那样,只是少了马背上的公主。

一切复又归于寂静,人接着慢慢睡去……

第二天大清早,皮特把我们齐齐叫起来去洗海澡。浅海中有一块巨大的岩石,男士在左女士在右,裸泳,再无旁人。中午,我们去他的岳母家午餐。老太太七十多岁了,每天坚持干农活。她原来的丈夫往生多年,她现在与另一位老者相依为命。这一位老者的生活经历就更令人诧异了:他来自哪里自己也说不清楚,只懂得简单的英语,大致是欧洲沿海的某个村落,"二战"期间跟随一艘货轮来到了这里。他没有户籍,却已在这里生活了半个多世纪。这年他近八十岁,个子至少有 1.85 公尺,头发乌黑,一把长及腰间的胡子却几乎雪白;高、瘦,脸庞非常冷峻,中世纪武士般,如同一尊雕像,找不到二十世纪一点痕迹。我们见到他时,他正光着膀子在屋顶上盖房子!用附近找来的青石板垒起来,好像中世纪的修道院一样。坐下吃饭时他披了一件衬衫,毕竟是圣诞午餐请客呢。吃的蔬果粮食是自家种的或是附近采摘的,肉类是三十公里以外的农贸市场买来的,牛奶是自家奶牛挤的。老爷子还用自己酿的低度果酒招待我们,盛在一只土罐子里,大约有两公升。他每天都要自己喝一大半罐,几十年如此。老爷子和和气气地劝我们吃、喝,他的母语我们不通,交谈不多,让人想到中国农村里面的老爷爷。皮特说自从他们认识他二十多年了,从来没见他生过病;而他也不能生病,因为他没有身份证也没有社会保险号码,去医院有些麻烦。澳大利亚实行全民医疗保险,但你得出示证件标明你是本国公民或永久居民。

快到我离开澳大利亚十一周年的又一个圣诞节前，皮特给我发了一封电邮，说虽然很多年过去了，那里还有一小片土地是留给我的。附近已经多了几家邻居了，我何时准备过去盖自己的小木房子呢？我想，即使那里有了电脑、电话、网络，我可能也至多接受闭关一星期写作吧！而皮特他们是如此地享受那里的孤独，那里居民们中的一些人并没有受过很高的教育，但那样一种生活方式本身，就是一种哲学，甚至是一种宗教态度，是我们这些都市俗物体验不透的。

人们通常以为，要过一种亲近自然、返璞归真的生活，只有去非常不发达的国家、接近原始阶段的社会。在我走过的那么多国家里，澳大利亚是把现代文明、天然粗犷这两种截然相反的气质结合在一起的不可多得的范例。

我的灵魂常常溜出去，在那儿慢悠悠地漫游……

可笑、可爱、可敬、可气的汪老爷子

一位不可替代的东南亚政治经济分析家

- 曼谷，老爷子的遗体在等着我
- 我在金三角偷越国境的那些日子
- 汪老爷子身上的“四可”
- 三大文化的脉搏
- 他有时也叫你受不了
- “你使我们为他更感到自豪！”
- 在动乱的泰国怀念美好
- 缅甸医生教导我：鸦片是吃的，不是抽的

汪老爷子与我同漂流

曼谷，老爷子的遗体在等着我

“汪老爷子”是我们在背后对他的昵称，当面一般称呼他为“汪博士”——特别是如果有外人在场，或是在官方开会的正式场合。否则我们当面也会用英文喊他 Uncle，就是叔叔。几年前——应该是本世纪的开头——我们第一次在昆明饭店大门口当面喊他“老爷子”，弄得他小紧张了一番，他以为这称呼是专用来叫黑社会老大的。我跟他连忙解释，说中国一些德高望重的老一代领导人的孩子们在背后也叫他们的长辈“老爷子”，此称谓集尊敬和亲昵于一体，一般人是享受不到的。他一下子开心起来！汪老爷子的中文不怎么地道，五十岁出头才学着说普通话，差不多六十岁才开始学着读汉字。

汪博士的中文名字叫汪华林，英文名字是 Warin Wonghanchao，很多年里是泰国最著名的政治经济学家。他在学界、政界、工商界的崇高声望，使得他在东南亚走到哪儿都深受欢迎，我称他为“泰国对东南亚经济政治研究的头块牌子”，一点都不为过。在中国和东盟（Association of Southeast Asian Nations，ASEAN，海外又翻译作“东协”或“亚细安”）的经济技术合作方面，他有着不可替代的作用。

2007 年 2 月 11 日早上，我和往常一样，正在北京的办公室里（那两年我在北京）打开电脑准备开始一天的工作，突然电话铃响了起来。来电话的是云南省国际文化交流中心的小周，自从我1995年因为从事东南亚经济政治研究而认识他以来，从来没有听到过他的声音那样沉重。他说："老师，我要告诉你一个非常非常不幸的消息，希望您能镇静。就在几个小时以前，汪老爷子在老挝首都万象附近的一个宾馆里平静地去世了。"我一时无语，电话的那一头不停地安慰着我。

此后的一个多月里，每一两天总有一段时间我想汪老爷子想得泪水长流。本来过不了几天，我就可以见到汪老爷子了。就在他去世之前几个星期，我和小周正策划着到曼谷汪老爷子家对他来个"突然袭击"，然后拉上他一起开车到老挝首都万象，从万象一直向北到中国云南的边境城市磨憨，再和汪老爷子一起到西双版纳。我这些年来从事中国和东盟关系的区域发展研究，常常大致沿着这条路线考察，有时一年会有两次。我完全可以想象到，当我们按响汪老爷子家的门铃他出来开门时的巨大惊喜——我们会抱在一起又叫又笑！

为什么要对汪老爷子来个"突然袭击"，这里面有个前奏。

就在2006年10月，汪老爷子入院即将进行第二次心脏搭桥手术。他的第一次心脏搭桥手术是十多年前了，当时医生告诉他，像他这样的心脏状态，尽管做了搭桥手术，也至多只有五六个月的生命在前面。于是，汪老爷子就按照还有五六个月生命的规划，拼命地享受生活，每一分钟都不浪费。就这样，过去了二十多个五六个月了。

但是这次医生在做了彻底的检查后说，在你的心脏上几乎找不到一块可以做第二次搭桥的适当部位了。所以汪老爷子和所有的好朋友打了招呼，说他马上要做手术了，希望自己能笑着从医院走出来，如果不能，也希望大家不要为他流泪，他就是这样一个乐观通达的人。在做手术前几个小时，我从香港给他打电话，他让我讲话讲快点，因为他马上就要被推进手术室了。我说我有非常好的葡萄酒在等着你出来呢，会提着几瓶去曼谷让你大开眼界。他听了哈哈大笑，说这几瓶酒你可别一个人全喝了。

没想到这次手术做得非常成功，简直是出乎意料的好。休养了一段时间后，汪老爷子大概就忘记这是他第二次做心脏搭桥手术了，丝毫没有改变他的生活方式，仍然像一个年轻人那样尽情享受人生。就在我们策划对汪老爷子进行“突然袭击”之前，他率领一个泰国代表团访问哈尔滨。当时正值冰灯节，气温是零下一二十摄氏度。东南亚常年气候炎热，不要说零下一二十摄氏度，就是零上十摄氏度，那里的人都受不了，他们一辈子没见过冰雪，见到霜都会晕过去。但汪老爷子有着孩子般的天性，我肯定那些天里他是玩雪玩冰玩疯了。可是从酷热气候突然来到严寒地带，对于一个刚刚进行了第二次心脏搭桥手术的病人来说，影响会是致命的。他从哈尔滨一回来，就马不停蹄地去了老挝作考察，终于把自己的一条性命丢在了他挚爱的万象——曾经有一万头大象出没的地方。他逝世的那个小城的名字意思是“天堂”，他的老朋友说，老天爷太了解他一生的为人，一定要安排他在天堂的门口了结人生最后的手续，重归永久的安宁。

他的太太一半是欧洲血统，两个孩子是美国大学毕业的，但丧事基本上是按照泰国佛教传统来操办的。有一点让人非常感动，按照他的遗愿，他的遗体一直要保存到5月26日，以便有足够的时间让全世界各地的朋友能去曼谷，向他做最后的告别。直到见过所有的好朋友后，遗体才能安葬。

我之所以选定这个(2007年)夏天来到贵州讲课，要在贵阳跟你们讲汪老爷子的故事，就是因为我们在七年前的这个时候在贵州第一次见面。我要在回忆他的时候，能够身临其境心阅其情。2000年的夏天，在贵州省安顺的黄果树瀑布举办第二届“华人炎黄杯国际围棋赛”。这个以文化象征意义为主的比赛，是由香港作家金庸、台湾学界名人沈君山、日本围棋大师华裔林海峰、中国围棋大师聂卫平四位发起的。第一届在云南省大理(古南昭国)举办，我当时在澳大利亚正忙着，接到邀请却没时间赶过来参加，心里直痒痒。第二届举办时我正好在中国内地作学术交流，于是就欣然赴会。

那天晚上七八点钟的时候，我们几个人晚饭后刚从外面小树林里散步回来，小周突然过来招呼，让我们在宾馆大堂稍等一下，说汪博士等几位泰国客人刚刚到达。果然过了一会儿，就从楼上走下来三四个人，为首的一位满头银发，皮肤黝黑，身体粗壮，但不臃肿。经小周介绍，这就是汪博士了。我看他的样子,有点可笑:既不像学者,也不像商人,也不像官员,也不像记者,四不像。大家坐下来用英语聊天,当时宾馆大堂没开空调,天气有些闷热,我们彼此又不熟悉,聊不起来,于是我就建议:"Can we have some beer?"(我们喝点啤酒吧?)没想到这话说到汪老爷子心坎上了,他马上说:"Why not?"(为什么不呢?)从打开啤酒瓶盖的那一刻起,他才开始进入状态,像个孩子那样不断地笑。他的笑声真像一个淘气的大孩子,如果第一次听到,你完全无法想象那是一个六十多岁的老人的笑声。

很快我知道了,对于汪老爷子而言啤酒就是生命之泉。他的生活方式非常独特,每天早上不到五点钟就起床,六点前吃完简单的早餐,就开始工作。工作到上午11点或11点半,这一天的工作基本上就结束了,然后就开始整瓶整瓶地悠然喝啤酒,一直喝到晚上七八点钟,然后睡觉,天天如此。后来我们一起出去考察,不管到了什么地方,在宾馆一办好入住手续汪老爷子转身就不见了。开始的时候我还为他担忧,以为他哪儿不舒服休息了。后来才发现,他毫无例外必定是在附近找到了一家酒吧在喝啤酒。他很少吃食物,每次我们一起出外调研,他都会带我们到东南亚当地最有特色的餐馆品尝,他看着我们大吞大咽,很开心,而他自己很少往嘴里塞东西。我跟他说你不吃东西营养不够的,他说好啤酒完全可以替代固体食物。

严格说起来汪老爷子并不是完全的华人,他只有二分之一的华人血统,属于泰国的第三代华人。他的祖籍在广东揭阳县一个叫“九斗坡村”的地方，那里的土地非常贫瘠，一大片坡地一年才能收到九斗稻谷，故而得名。在他爷爷那辈，华侨的乡土观念还很强，虽然迁居泰国多年，成年人还要回到故土原籍村子里找个中国老婆带回泰国。到他父亲的时候，因为日本侵华战乱，无法回到广东找老婆，就只好在泰国娶了当地人做妻子。中国抗战时期，他父亲辗转从泰国到了云南，住在昆明附近的宜良县。那里以盛产稻谷、小米鸭、猪肉而著称，他父亲就在那里办起了一家酒精厂。汪老爷子的童年时代就是在父亲身边度过的，在昆明、宜良那一带。不知道他后来爱喝酒，是不是和他父亲的酒精厂有关。不过那个酒精厂的产品不是让人喝的，是汽油的替代品，因为抗战时期大后方汽油特别缺乏。有一次他带我们到厂房原址周围转了一圈，神情黯然，什么都没剩下了。

1949 年以后，中国和东南亚国家的关系一度不怎么好，因为中国支持那些国家的共产党游击队闹革命，汪老爷子也就一直没机会回中国看看。但是在“文化大革命”的特殊年代，他却以特殊方式到中国来过一次。当时他是泰国国立法政大学（Thammasat University）的学生，思想非常左倾，参加了泰国的激进派学生组织，还是个领袖人物。泰国的右派军政府镇压学生运动，汪老爷子遭通缉，他竟然越过中泰国境线，逃到了中国内地，到了重庆。当时的重庆武斗很厉害，他待了一段时间又待不住了，又跑回泰国。后来去了美国，在康奈尔大学读发展经济学的博士。汪老爷子到晚年都算是一个“新左派”——在西方国家和富裕的东方国家,“新左派”都对弱势群体和社会公正很关注。从这个意义上说,我从来不认为中国有真正意义上的“新左派”,只有年纪不算老而心态思想够老的“老左派”,这是题外话了。

汪老爷子从美国学成回国,在泰国的学术界做得很成功,做到了泰国朱拉隆功大学(Chulalongkorn University)的经济系系主任。朱拉隆功大学在泰国的地位,就相当于北京大学加清华大学在中国的地位,它是以泰国历史上最伟大的国王朱拉隆功命名的。但汪老爷子后来突然辞职不干了,我问他原因,他说泰国大学教师的待遇太低,那点工资还不够他喝啤酒的。我开始以为这是玩笑话,后来有一次应朱拉隆功大学经济系的邀请去作报告,系里请我吃午餐,我发现了一个小细节:在整个饭桌上,只有我一个人的桌前供有啤酒。我这时才相信他们的大学确实很穷:学校供不起所有的就餐者喝啤酒,教师们自己也喝不起餐馆里的啤酒,一小瓶本国产的三百多毫升的好啤酒(他们的国产啤酒品质远远胜于中国的)得付一个多美元。

最终我还是没有去曼谷告别汪老爷子的遗体——那段时间我正在香港参与制定卡内基基金会的一个国际合作研究计划,实在太忙了。但更深层的原因是我不想去,如果我真的想去,总是能挤出一点时间的。我不想看见他的遗体,我看了会受不了。我拒绝看到他死亡的形象,我怕那会毁掉他在我心中永不衰老、永远像孩子一样淘气的、与死亡不可能联系起来的音容笑貌。

以我这样的阅历，也可以算得上走遍大半个天下、阅览过千千万万的人生了。但像汪老爷子那样的人，我还真是找不到第二个，而且我也不认为我以后还能遇到他那样的人。

我在金三角偷越国境的那些日子

现在很多学者所谓的做 fieldwork 研究，要么是在图书馆里待着翻翻书翻翻杂志做做复印，要么是带着一帮年轻助手拿个手提电脑跑来跑去，和当地的政府官员、工商界人士做访谈。对此，诺贝尔经济学奖得主、哥伦比亚大学“至尊教授”(University Professor)斯蒂格里茨(Joseph Stiglitz)曾经有过一个苛刻的评论，说西方的政策分析学者跑到中国、印度、东南亚等第三世界国家、地区做政治经济方面的研究，就是住在它们首都的五星级宾馆里，让当地的政府官员拿来一大堆政府报告、统计数据，听他们夸夸其谈一通，然后就拿着这些未经验证的资料，拍拍屁股回华盛顿去了。斯蒂格里茨的意思是，做发展中国家经济和社会政策研究的人，不可以太依赖政府的工作报告和官方的统计数字，而应该自己去花苦力气做实地调查。不然的话，做出来的政策分析和对策建议，往往是空中楼阁，纸上谈兵，害人不浅。

这个批评我觉得太有道理了，我们一直不敢学他们的那种轻松潇洒研究法。从 2001 年开始，我和汪老爷子这位东南亚政治经济政策最出色的观察家、分析家一起做研究，那可就完全不一样了。我们真是用自己车子的四个轮子、自己的两条腿，把大湄公河流域(the Great Mekong Sub-regional Countries 简称 GMS)的六个国家，东南亚五国——泰国、越南、柬埔寨、老挝和缅甸，加上中国西南部，全都跑遍了，许多地方跑过几次。湄公河在中国境内叫澜沧江，是东南亚这些国家和地区最大的母亲河。在这个大区域做实地考察可不是那么容易的事，牵涉到的麻烦和危险是举不胜举的，因为这些国家无论是从地理环境，还是经济状况、政治环境、法律系统，都是千差万别，经常会遇到想象不到的困难。我们因为有了汪老爷子这个带队人，都能在"before it's too late"把事情基本搞定。Before it's too late 就是在太晚之前、在彻底绝望之前，找到办法把事情给解决掉。

我们做东南亚研究干吗要跑那么多偏僻古怪的地方呢？我们这个小团队主要研究的是大湄公河流域的六个国家，怎样才能逐步形成经济上的自由贸易区，这个自由贸易区一旦建成，就是全球第三大的自由贸易区，超过十六亿人口，区内两万多亿美元的 GDP 总数，高达一万五千亿美元一年的区内贸易额。这就需要考察各个国家的物流和人流条件，包括道路、河流、港口、桥梁、仓储等等的基本设施，了解现存的问题和发展的潜力，搞清楚有哪些经济的、政治的、法律的、技术上的难关，要提出解决的初步建议和实施时间表。我们在汪老爷子的带领下，把通常研究者想不到会去的地方、想去而不敢去的地方、想去而去不成的地方，差不多都给跑遍了。老实话，每次出发前我们都无法预料在行程中会遭遇到什么样的突发情况，真是“计划不如变化”。

记得2002年旱季的时候，我们一行六七个人开了辆面包车从泰国西南部向北，朝缅甸方向前进。此行的目的，是考察修建那条将把曼谷和昆明联结起来的国际高等级公路的进展，看看这条大动脉穿过缅甸领土的可能性。我们在路上走了两三天，到达泰缅边境的时候，突然被公路上的泰国军人给拦住了，不让朝前走。我们很着急，已经是四月初，快到东南亚的雨季了，他们那儿的雨季可不同寻常，一下就是几个月，雨点大到可以把汽车的挡风玻璃打出裂缝，山地土路上根本没法开车。汪老爷子出去跟泰国军官交涉，才知道前面正在打仗。缅甸的联邦军队围剿缅北的所谓“贩毒集团”(他们原本是少数民族的自治军队，并不是从来以贩毒为业)，他们打不过政府军，就逃入泰国境内。而缅甸在历史上多次入侵过泰国，两国素有旧怨，泰国就对逃入境内的所谓“贩毒集团”采取睁一只眼闭一只眼的态度。但缅甸政府军队一旦进入泰国境内围剿“贩毒集团”，泰国军队就要反击，因为这侵犯了泰国领土。当时双方出动了一两千人的部队，已经打了好几天仗了。我当时很震惊，这样的事情如果发生在其他地方，西方主流媒体早就连篇累牍地报道了。汪老爷子说，这种事在金三角区域是家常便饭，过一阵子就会闹一闹，我们只能在那里等到战斗结束才开车过去。再往北走到了泰国境内北部的一座山上，生活在那儿的竟然都是云南人。他们都是抗日战争时期国民党一支部队的后裔，已经是第三代华人了，从来没有去过云南，仍然认同自己是云南人。他们只会说一点点汉话，而且是云南口音的汉话，对我们亲切得很。看着他们穷苦闭塞的生活方式，我心里颇有几分悲戚。

汪老爷子带我去的地方，都是观光杂志上很少提到的所在，在那儿搜集到的信息都是书本上学不到的，所以我是每天都会有惊讶和悦心的收获，这也正是我对东南亚研究那么上瘾的原因。我们的考察经常每天要穿越好几个国家的边境地区，对于东盟国家的国民来说，这是件很容易的事情，东盟国家之间有协议，只要你在另一个成员国家停留的时间不超过一个月，入境可以免签证。但我拿的是中华人民共和国的护照，就比较麻烦了。有一次我们想从泰国西部的达府到缅甸一个非常重要的边境城市湄索（又叫“夜速”）去，汪老爷子说你拿的是中国护照，要从泰国进入缅甸，缅甸一方要把你的材料送到他们的省会城市才能办理，最短也得一两天才办得下签证，但是我们在那儿只有半天的时间。汪老爷子很有想象力，他说他的司机长得和我差不多，让我拿着司机的泰国身份证，穿上泰国的民族服装，和他的女助手假扮成小夫妻去缅甸那边探亲。汪老爷子说你不会讲泰国方言，千万别说话，不然一露馅被扣起来，就是偷越国境罪。于是我就拿着司机的身份证，去买了些糕点、衣服、手电筒等日用品，两个人手挽手假扮小夫妻去了缅甸。在那里考察了当地的边境贸易市场情况，下午两点钟左右过去，赶在晚上八点之前回来（2010 年 11 月 7 日缅甸大选后这一带立刻爆发了武装冲突，一万多边民从这小城逃往泰国避难）。在汪老爷子的帮助下，我多次偷越国境，一次也没给抓住尾巴。

汪老爷子跟我横行三国边境区域

汪老爷子带着我们做实地考察，可以说大湄公河流域的东南亚五国没有哪个重要的地方我们没去过。有些地方去是要冒着生命危险的，而且明知有危险也还是去。直到1990年代后期柬埔寨的内战才结束，在偏僻地区还有零零星星小规模的战斗。2001年我们从泰国东南部最重要的港口到柬埔寨西北沿海的古国岛去，考察是不是能开通两者之间的航道。古国岛一带的浅水区域，柬埔寨内战中的双方埋下了几十万颗地雷，一不小心从船上落脚下去，就会踩爆地雷。正是因为这儿太危险，一度是军事禁区，反而成了原始生态保护最好的地区。泰方和柬方的边防军事人员先沟通好，派了几个军人护送我们，搭乘小木船曲曲弯弯从地雷较少的水道缓缓前行。汪老爷子就是有办法，让泰国的军官帮我办了一个泰国临时身份证，我成了泰国学者。一路上真是风景奇妙，几百公里范围内看不到一个人、一艘货船、一艘客轮，水清澈到像蓝宝石一样，十几米深的水下面有大小石头都能一目了然，你真忍不住想沉下去，碰巧也许会捡到什么宝贝。

还有一次比这更惊险的。那次我们从西双版纳的首府景洪港出发，沿澜沧江顺流而下，考察澜沧江—湄公河成为国际商用通道的可行性。通过云南省对外贸易机构的安排，找到了一艘载重三四百吨的铁壳货船。严格说起来，货船是不能载客的，我们通过关系疏通说服了曾经当过兵的船老大，载上我们五个人沿江而下，从云南进入缅甸、老挝、泰国，然后还要从泰国开车进入柬埔寨、越南。澜沧江上游的一段航道非常狭窄，河里全是大大小小的石头，我们就是要趁着旱季水浅的时候坐船南下，看看这段河流有没有作为商用通道的开发条件。那一带可没有手机信号，四周都是原始状态，一个人影也找不到，如果货船撞上石头沉没了，也没有人知道，没有船来救我们的，多半会给野生动物加一顿餐。

我们出了中国边境到达缅甸、老挝、泰国三国交界处的水域，这里唯一的交通工具就是走私船，没有公共交通服务。汪老爷子有本事，安排我们从中国那艘合法的货船上下来，连同我们携带的十几捆印刷品商贸资料，马上转移到跨国走私船队上去。这种小艇原本是用来从事水上体育竞赛的，小船一发动，整个船体都上翘起来，脱离了水面，只有小艇屁股沾到一点点水面，速度太快。也只有这么超速飞快，才能逃过沿岸缉私艇的追捕。这种走私船非常小，一艘只能坐三四个不太肥胖的人，汪老爷子他们带上资料乘四只小艇先走了，我后走。前面的四艘小船都已经不见了，我一个人在最后一艘小船上。到了半路，小船突然停了下来。那里没有手机信号，我跟走私船员的语言又不通，我当时都差点吓蒙了。如果船老大一竿子把我横扫下水，没有任何人能来搭救我的，我的这条命就要丢在这片一望无际的野水里。弄了半天最后我才明白，原来是这条船上的汽油不够了，船老大要等停在国际水域的走私大油船过来加油。他不愿意靠岸加油，沿岸的油价贵，国际水域不归任何国家管，成为所有这些走私者的自由天堂。

自由漂飞在国际水域金三角附近

当时不但我吓昏了,汪老爷子他们比我早半个小时到达泰国北部港口城市清盛,一直等不到我,也都急昏了,打算再过半小时等不到我就向泰国海岸巡逻队报告求救。他们倒不认为船老大会暗害我,而是担心船会翻掉,因为走私船的速度实在是太快了,容易翻船,河里还有鳄鱼出没,掉下去就喂了它们。小船一靠岸,我当时的第一个感觉就是,我的这条命算是捡回来了。

从 2000 年底开始一直到汪老爷子 2007 年去世,我们每年都要进行多次这样的实地考察。大湄公河地区所有最偏僻、最危险同时也是风物人情最奇特和美丽的地方差不多全去过。我们多次进出那些大毒枭控制的区域、土匪出没的地方、海盗监管的水域、早年共产党游击队活动的地带,若不是依仗汪老爷子的人脉和声望,有多少条命也丢掉了,而他的名片几乎等同于跨国通行证。我现在真是难以想象,除了汪老爷子,还有谁能领导和帮助我们做这样的探险式的、不要命的研究。所以我才会跟你们说,汪老爷子对于中国和东南亚友好交往和经贸发展的作用,是没有人可以替代的,没有人。

汪老爷子身上的“四可”

早先我每年都要到东南亚国家做实地研究好几次,但从 2007 年到 2009 年的两年期间,却一次也没去过。我们的考察不是走马观花,不是观赏旅游景点,去的往往是有麻烦的地方，有冲突的地区，或者历史上曾经繁荣昌盛以后被废弃了的地方，或者是靠近原始森林、交通极其不便但在经济资源上却有着重大意义的地方。汪老爷子这位东南亚政治、社会、经济政策方面最出色的学者在2007年2月去世以后，我就再也没有那些非同寻常的机会了。

我不仅对工作的要求很高，对吃菜和喝酒的要求也挺高，只有汪老爷子才有情有意有心有力把一切安排得既温馨又活泼又花样翻新，充分满足我所有的精神物质要求。我们的车子一上路，前排座位就是我们两个的，我俩座位前面有一条特别的窄长带孔的装置，那就是我俩的车上“吧台”，上面插着威士忌、伏特加、兰姆、杜松子酒和装着冰块的隔温罐子。东南亚终年气候炎热，没有这些装备，在野外作业每天十多个小时实在吃不消。我和他在一起的时候，会完全忘了我们的年龄，忘了我们的身份，忘了我们的国籍，忘了我们外在的一切，只有本我本真，只有自由的灵魂。我们在一起的时候，每一天、每一小时、每一分钟都是在疯狂地工作、疯狂地开心、疯狂地在啤酒和欢笑中度过。

我们和汪老爷子合作在东南亚考察过程中最有趣的一个产品，是我们大湄公河流域六个国家的研究人员合编的一本英文版的书：*Mekong: Spring of Life*（《湄公河——生命之泉》）。书里展示了我们沿着湄公河——从它的发源地一直到出海口——考察时拍摄的大量照片，反映当地植物、动物、人物、文物、传统、宗教、生活方式和生产方式的多样性。有这么丰富多彩的多样性的沿河地区，地球上仅还有一个亚马逊河流域。这本书最重要的筹划人和作者当然是汪老爷子，因为经费是他筹来一大半，照片也是他拍了将近一半。他最喜欢拍照片，我们在外考察期间每天他都要拍上几卷胶卷，而且总是像孩子一样迫不及待，一拍完就要助手赶紧跑着送胶卷去冲洗，加钱快印，他自己则找个地方喝啤酒等着。

这本书起了很好的作用，书刚刚出版，2005 年 7 月在昆明市召开大湄公河流域六国总理的峰会，会议主题之一是合作与可持续发展。会议期间，中国领导人将此书作为礼物送给与会的代表，表示中国不会以牺牲别国的利益为代价，不会破坏跨国区域的生态平衡搞经济发展。汪老爷子跟我都认为这本书最大的遗憾，就是那些照片太精彩了，可我们没有那么多钱把几千张照片都印出来，印刷的时候也只能把图片缩小，展示不了野不胜收美不胜收的全体细节部位。本来我们还计划出版泰文版和中文版，英文版再增订，照片再放大，但由于汪老爷子的突然谢世而功亏一篑。

我至今仍然觉得痛惜不已的是，在汪老爷子第二次心脏搭桥手术之前，我曾向云南省政府建议，考虑到汪老爷子在中国与东南亚经贸合作中不可替代的作用，应该把他接到中国来，派最好的医生小组诊断治疗。当时省里的一位领导干部让我去泰国时转告汪老爷子，他们一定会组织最好的医生来做这个手术。遗憾的是，我把这个建议转告给汪老爷子，他对中国朋友的好意表示感谢，但婉言谢绝来华做手术，他说此前的心脏搭桥手术是在泰国的那家医院做的，那里的医生对他的情况比较了解。

对于汪老爷子的去世，我深不堪言的遗憾和忧伤，除了前面说过的他对中国与东南亚经贸合作的作用等等工作方面的原因外，于我个人而言，是对他的为人处世的难以忘怀。与他全方位的多年交往，发现他身上有可笑的东西，也有可爱的东西，同时也有可敬的东西，还有可气的东西。

汪老爷子的可笑某种程度上跟他的形象有关。他和你说话的时候，眼睛好像是正对着你，整个脸却是往另一边偏斜的，让你搞不清楚他是不是在和你说话。那是由于他小时候贪玩，玩弹弓把玻璃珠子打到树上弹回来，击伤了右眼。经过手术，右眼是保存下来了，但成为半失明，后来转为失明，左眼也受到影响。据说他在泰国最好的朱拉隆功大学任教时，因此闹过很多笑话。他班上有些学生知道他视力不佳，就不好好听课，男女同学在下面调情，或者看报纸杂志、聊天，汪老爷子对前面一两排还是能看到的，就非常生气，手指着捣蛋的学生说："你站起来！"但因为他的眼睛是斜的，所以旁边的那个学生误以为汪老爷子指的是他，很委屈地站起来，说："捣蛋的不是我啊！"汪说："我知道，我指的不是你。"学生说："可你刚才明明指的是我啊！"

我初次结识汪老爷子的时候他已经年过六十，身上却有一种十几岁大孩子的天性。他不喜欢受任何约束，讨厌装腔作势，什么都要自由自在、尽情尽兴，是一个彻头彻尾的灵魂自由主义者。但同时他又非常温和有教养，处处为别人着想，从来不把自己的观点和嗜好强加给别人。汪老爷子在泰国各界的声望很高，他离开朱拉隆功大学后成立了一家经济与社会发展咨询公司，与世界银行、国际货币基金组织、亚洲开发银行，以及东南亚各国的政府，有很多的合作项目，雇了一些年轻人帮他干活，既有美国大学毕业的洋人大学生，也有本国的大专院校学生，还有中国的留学生和在中国境内参与项目的硕士生博士生。他手头掌握了很多的经费，但身上却嗅不到一丝的铜臭。如果不是我亲眼所见，我都不敢相信，汪老爷子长得一点不帅，又粗又壮，头发全白，皮肤黝黑，眼睛又是斜视，但他不管走到哪里，都有女孩子喜欢他，那就是因为他对女孩子们特别好。有一次我们在越南的首都河内做一个项目，他的助手，一位泰国毕业的女大学生，约了越南的一个女大学毕业生，一起在当地一家著名的法国餐馆吃饭。我和汪老爷子以及两位越南艺术家一瓶接一瓶地喝当地的和法国进口的啤酒，两个女孩子不喝酒，坐在旁边很无聊的样子。汪老爷子就说："你们坐在这儿没劲，出去买点东西吧。"说着就从口袋里把自己的钱包掏了出来。他的钱包是我见过的最厚的，至少有两寸多厚，里面塞满了几个国家的信用卡、东南亚几个国家的货币，还有人民币、美元等等。这个鼓鼓囊囊的钱包，他就随手交给他的那个助手，让她们随愿去买东西。等她们走后我就问汪老爷子："你把钱包给她们是什么意思？"他说："没什么意思啊，我就是让她们想买什么就买什么。我虽然付她们工资，但她们如果看到喜欢的首饰时装洋服，还是没那么多钱买的。"

他掏钱包和给钱包的动作没有一丝做作,就像是父亲对女儿、大哥对小妹。我当时非常惊讶,我本人不是个吝啬的人,但是要我像他那样我是做不到的。钱包里有那么多钱,估计现金就有上千美元,如果她们乱花怎么办?汪老爷子说:“希望她们不会乱花,如果她们要乱花,我也没办法。”除了在越南这一次以外,我发现在云南的时候也有类似的情况。那次是他请中国方面做翻译的几个女孩子,他也是径直把自己的钱包交给了她们和他的泰国助手,说:“今天下午我和丁博士去开会,用的是英文,用不着你们当翻译,你们自己去 shopping 吧。”

他的对人好,是他的可爱的优点,也是他的可爱的弱点,我常担心这可能会被他身边不那么厚道的人所滥用或利用,我发现确实有人在滥用他的好心。记得 2003 年的时候,我们在泰国最南端靠近柬埔寨的边境地区考察,为亚洲开发银行出资修建跨国公路的计划做可行性研究,那次我就看到他身边的少数人完全是把他当大傻帽来对待。东南亚地区在 6 月、7 月里户外的气温有四十多度,那天上午汪老爷子对我说,“我们要勘探的路线周围还有地雷,全是土路,你又特别怕热,你就别去了。”他把他们带来的一部旧一点的越野车开走,把一部空调强的新车留下给我,安排他的一个专职司机带我去好玩的地方吃海鲜看海景。他特别关照司机,你今天哪里都不用去,丁博士到哪里你就到哪里,你只要让丁博士开心就可以了。

可是汪老爷子走后,那个司机根本没理我,开着车不知道干什么去了，我怀疑他是出去拉客赚钱去了。一直等到下午四点多才回来，拉我出去在近处转了半个小时。汪老爷子回来以后，还以为我整个一天玩得很开心，问我是不是见到了最美的海滩、喝到了最好的啤酒、饱尝了最好的海鲜，我没细说什么，那个司机就在边上一声不吭。后来我知道，那个司机是泰国北部的一个孤儿，小时候就加入了青少年黑帮，是汪老爷子同情他，不想他堕落下去，给了他份工作，让他做自己的司机。

不但汪老爷子的那个司机有时滥用他的好心占他便宜，当地的一些官员也是如此。我们的考察往往涉及好几个国家的交界处，需要各国当地的官员协助支持，有些官员就带上老婆孩子，全家出动，一路吃喝玩乐，全都由汪老爷子掏腰包。汪老爷子是明白人，在人家的地盘做实地研究，不给他们一点好处那就什么事情也难做成，但我发现他的善良开通并没有换来那些官员对他相应的回报。那一次他们去柬埔寨的边境地区考察，约好晚上八点回来吃饭，我下午七点就到海边能看见最远的海景的水上餐馆占了头座，预订了最有本地特色的生猛海鲜，冰镇好我带来的白葡萄酒等着他回来。到七点半钟的时候，我打电话问汪老爷子在哪儿，他说因为怕土路边上的地雷，车开得特别慢，大概要晚个把小时才能回来。我虽然也馋也饿，一想到汪老爷子在外面奔波，年纪又是我们这帮人里面最大的，就主张所有没和他一起出去的人再等一小时用晚餐。当地的几个官员却完全不理睬，我放下电话不到五分钟，他们就自顾自同老婆孩子们吃起来，把最好的菜、冰镇的酒一扫而空。我当时妥协，说能不能把最好的菜每样分出一点留给汪老爷子，能不能把最好的一瓶进口白葡萄酒留下来，他们连这点要求都不答应，都吃喝了个精光。这一下激起了我的愤怒，他们是本地人，不懂英文，但他们知道我是在发脾气，不过他们并不在乎，因为我不是他们的 boss(老板)。等到汪老爷子八点半回来的时候，只能在盘子里捡点剩菜吃，我对他用英文大声喊："他们这些人根本不配你对他们这么好！"汪老爷子笑笑，说算了算了，马上叫了辆出租车，就我们两个人，跑到另一个地方去喝啤酒给我消消气，他生怕我当着那些官员的面继续发脾气，他知道我从小干革命，没那么好涵养。老爷子身边的一个小助手，是从云南过去的，跟着汪老爷子好几年了，她告诉我，老爷子身边很多人都是这样，随时都想捞点他的好处，到关键的时候又不帮大忙。她说老爷子不是傻瓜，心里很明白，但他就是太厚道，拉不下脸来发脾气。"他要是有一半你的狠劲就好了。"小助手遗憾地望着他的背影说。

汪老爷子身上还有非常可敬的一面，他充满了对弱势群体、对劳动者的同情和尊重。大约是 2003 年，我们到达泰国、缅甸、老挝交界的金三角地区，就是那里有几十年前国民党军队遗留下来的云南人第三代，经济和社会发展条件非常差。我们的面包车到达附近的一个小镇，汪老爷子就下去买东西，装了整整一车。我当时没反应过来，还以为他要贩运小商品，不好意思问他。结果车开到山上的一所小学，那里的教师、学生全都认识他，所有的学生都围在操场上，他把车上装的学习用品一件件送到学生手上。后来他和我说，他每次到这里，都自己掏腰包买东西送给穷苦家庭的学生们。

三大文化的脉搏

我自从熟识了汪老爷子以后，时常琢磨他那种为人处世的风格是从哪里来的。以我的观察，他身上大概融合有三股文化的脉搏，百分之三十的是西方文化，百分之五十的是泰国文化，百分之二十的是近代华人的移民文化。讲到泰国文化，就不能不提佛教的传统。从佛教对社会大众的影响而言，在东南亚十国中间，程度最深的是泰国、柬埔寨、缅甸和老挝。泰国六千五百多万人口中，百分之九十五左右的人信仰佛教。而在佛教发源地的印度，由于过去两千年历史的原因，佛教的影响反而不如后来占据了统治地位的印度教。我们在东南亚跑过大大小小的城镇乡村，可以目击到佛教已经沁入泰国人生活的每一个细节。不论是王室成员、政府高官还是平民百姓，不论是未受教育的农民、受过高等教育的知识分子还是海归，几乎找不到不受佛教影响的人。凡是即将进入成年的男子，在一生中必须有一段时间到寺庙里当和尚，短的一两个月，长的几年，也有的从此把终生托付给了佛祖。如果一个男子没有当过和尚，就不能被视为成熟的人，不但亲朋看不起，就连找女朋友也很困难。

这一点就连国王也不能例外，宪法规定国王必须是佛教徒。我听说1956年，时年二十九岁的普密蓬国王在曼谷的玉佛寺剃度出家，做了半个月的和尚。他和普通僧人一样，每天身披黄色袈裟，赤脚走路，虔诚礼佛，托钵化缘。这种制度化的规定，是佛教在泰国拥有如此深刻影响的根本原因。几乎每个村子都会集资修建寺庙、供养僧侣，区别只是在于富裕地区和贫穷地区的寺庙规模不同，装潢不同。

佛教培养了泰国人平和宁静的心态，泰国之所以在国际上被称为一个"微笑的国度"(a smiling nation)，就是因为大多数泰国人脸上都带着佛像特有的安详的微笑。在泰国很少看到有人公开争论，更少看到人在街上吵架。当地的朋友告诉我，泰国人很少愿意与别人发生冲突，即使他们内心里觉得某一个人不好，最多就是以后少和他打交道。最令我吃惊的是，有当地的华人学者说，看一个华人走路的姿势，就可以判断出他是泰国的华人还是来自中国内地的。凡是虔诚信佛的人，走路都是轻手轻脚，哪怕再拥挤，也不会你推我撞、争先恐后。而中国内地来到泰国的游客大多数恰恰相反，喧闹张扬，"因为他们心中没有菩萨"，泰国学者这么说。

因为有男子出家的规定，所以泰国的军队中从高级军官到普通士兵，基本上都是佛教信徒。佛教的教义反对杀生，反对大规模流血，这也形成了泰国军队在历史上不善战的"优良传统"。汪老爷子说，二十世纪八十年代，泰国同比它规模小很多、经济势力落后一大截的老挝发生边境冲突，都吃了败仗。二十世纪六十年代以后，泰国的军事政变一度很频繁，但除了极少数的政变造成几十人的伤亡外，大部分都是不怎么流血的政变。几队士兵上了街，几辆坦克车开过去，普通市民还不知道是怎么回事，政变就已经和平结束了。在非佛教的国家，“不流血的军事政变”真是难以想象的事，我曾对汪老爷子戏言，泰国的军事政变还不如英国足球迷骚乱造成的后果严重呢！（我的这个观察在 2009—2010 年的泰国动荡期间被击碎一半，详细情况可以参阅我于 2010 年 6 月 26 日在《云南信息报—云岭经济论坛》上的专题报告“泰国动荡：从政治、社会、经济、外交方面看”。）

佛教的宽容精神对于泰国的政治稳定确实起了很大的作用，世界各大宗教中对异教最为宽容的就是佛教，大概也只有佛教才允许信众同时可以信仰别的宗教。在泰国的社区里，有人星期天去教堂做礼拜，家里也供着菩萨，没有人觉得不正常。正因为这样，颂提将军以穆斯林信徒的身份，可以一度担任泰国的陆军总司令，发动军事政变推翻了他信内阁。一些泰国的观察家们曾说，颂提的身份有助于泰国政府解决南部靠近马来西亚边境地区的穆斯林分离势力的问题。

泰国人有一种“天生的开心”，经济状况稍微好一点，泰国人哪怕举债也要买辆车，而买车的目的多半是为了全家出去度假。再穷的家庭也要买上一辆二手车、三手车、四手车，潇洒走一回。经济衰退也不会严重影响到泰国人的情绪，无非就是少出去度几次假而已，少喝点啤酒而已。对于泰国人而言，大的物质享受他们也会追求，但如果没有，他们也无所谓。佛教提倡“众生平等”，绝大多数的泰国人待人谦和，不怎么歧视外人。我即使到泰国最偏僻的乡村去，也不会因为不懂当地的语言而挨宰受骗，而相反的情况在中国的旅游区却非常普遍。这种对众生平和的心态，对泰国的旅游业有着举足轻重的影响。1997 年亚洲金融危机爆发后，凭着旅游业的良好口碑，泰国经济才逐渐渡过了难关。那场金融危机使很多泰国人一夜之间倾家荡产，不少人在城市里无法立足，只能回到农村去谋生，但整个泰国社会却没有因此陷入大混乱，创伤很快就得以恢复，佛教对于人们心理的抚慰，在其中起了非常大的作用。如果没有佛教视财富为身外物的观念，不知道会有多少人因为破产而跳楼。

佛教教义对于财产还有“布施必得福报”的观念。在泰国常常可以见到僧人们排着队走街串巷化缘，即使到最穷的农村里，农民们拿不出现金布施，也会把大米、菜油拿出来。这种布施的习俗对于稳定泰国社会起到了很大的作用，有很多民间机构主动承担扶贫救灾的功能，救济病人、失业者、穷人、残障人等等。

他有时也叫你受不了

汪老爷子身上的三种文化传统，以佛教为主的泰国文化、以在美国受教育时吸取的西方文化和近代以来的华人移民文化，交融得天然一体，造就了他的可笑、可爱、可敬。但他也有让人非常可气的一面，可气在于他有时候做事情的特色方式。汪老爷子是一个彻头彻尾的浪漫主义者，做事很有热情，但常常像钢琴随想曲那样即兴随意而没有谱，我们在一起的时候有好几次接不上轨。我做重要事情之前都是把所有的可能性尽量考虑到，计划一旦制定了就不希望被打断，而他却是从来即兴所至，随遇而安，走一步看一步，随时随地变换主意，"计划不如变化"。

汪老爷子跟我争论下一站去哪儿

2003 年底到 2004 年初的时候，我们在五六个月前就协商好了，要对越南全境做一次考察。等到我从昆明市坐了八个小时的汽车到了边境小镇河口，然后进入越南境内又坐了七个小时的夜班火车到达河内，终于和汪老爷子见上面。他不知道因为什么事而情绪发生了变化，突然说明天他不去南部的胡志明市了，马上就要飞回泰国。就这样我一个人留在了河内，我又不会说越南语，人生地不熟，他给我联系了一个在胡志明市工作的越南人，给了我电话号码，我打了几次也打不通，真把我给气懵了。我只好一个人乘火车南下，在越南南部头昏脑涨地忙了几天。过了三个多月我跟汪老爷子在云南又会面，我抱怨说："Uncle，我们为了考察越南商量了五个月，我们一起在越南的时间还不到五个小时，其中四个小时都是在喝啤酒。"他知道我不开心，抱着我的肩膀说："下次补救，下次补救，我们再一起开车去一次，你开心了吧？"他知道我最喜欢开车横跨人烟稀少的东南亚边疆地区，上了瘾。

还有一次，云南省派出一个正式考察团，到泰国约见泰国政府主管外贸和基本建设的高级官员，商谈双方落实自由贸易区的政策和技术问题。这类联系准备工作都是由汪老爷子主导经办的，我们以为应该万无一失了，提前十分钟西装革履地到那家预订的高档餐厅赴约。没想到走进包厢，只有汪老爷子在那里半躺半坐着，菜已经上桌了，酒已经摆好了，本来讲好的宴会时间是晚上从六点半到八点，但过了七点半，约好的官员却一个也没来。汪老爷子一点也不着急，也不打电话去催，说泰国人的时间观念比较随便，这样的事情很常见。我和云南省考察团的主任秘书小周都急得直抓脑袋，问他们那几个官员到底有没有讲定出席，汪老爷子也含含糊糊答不上来，还一个劲地劝我们说，别担心，我们喝啤酒吧！我当时就晕了，说 Uncle，我们这么远跑到泰国来不是专门来喝啤酒的，他们云南的人员出来要对省政府有个交代啊！那天晚上泰国官员们直到八点半才来，根本没觉得迟到两个小时是件什么了不起的大事，领头的那个助理部长是汪老爷子以前的学生，见到他倒是一副很谦恭的神态。

我们俩最后一次共同旅行考察，是在汪老爷子做第二次心脏搭桥手术之前。我从香港飞到曼谷，那个航班到达的时候已经快半夜十二点了，汪老爷子竟然会在机场出口处接我！这对于他来说实在太难了，因为他从中午开始就喝啤酒，一般到晚上七八点就喝得糊里糊涂睡大觉了。我们当天夜里就开车出发。他陪着我到了泰国和老挝的交界处，他说他第二天还要赶到缅甸开会，不能陪我了，于是我们约好一个星期后在老挝首都万象再会合。没想到我们分手后才几个小时，他就打电话给我，说缅甸国内突发了政治事变，政府的第三把手被捕，会议临时被取消了。汪老爷子于是第二天又和我一起上了路，我俩在四轮越野车上互相拥抱，一起喝着啤酒，又叫又笑又跳的，司机(是老挝人，不是以前的那个)说你们两个疯了啊，在越野车里面跳啊蹦啊是很危险的！汪老爷子和我开玩笑："这个政变是不是你在后面策划操纵的？因为你不想我们分手，是吗？"我说："老爷子，如果你再年轻二十岁，我再年轻十岁，我们还可以一起疯狂地工作、疯狂地考察、疯狂地喝酒、疯狂地快乐三十年!”他说:“即使我不能再年轻二十岁,你不能再年轻十岁,我们两个在一起仍然要抓紧每一个小时疯狂。”

这话多感人!可是,这一切再也没有了。而且以后的几十年里,我再也不会有这样的机会了,汪老爷子这样不同寻常的一个灵魂我是遇不到了。

“你使我们为他更感到自豪!”

以上的怀念思绪溢流于汪老爷子仙逝后不久,这些文字在中国国内的媒体上奔流不息我是知道的。令我颇感意外的倒是2009年初春在曼谷,那是我在汪老爷子辞世后第一次去泰国考察,接待我的华人社团组织的两位先生没等我坐定,就殷勤连连地说:“丁教授久仰,丁教授久仰!”这样的招呼话在泰国极少听见,他们为人温和礼貌,却不甚客气大话。他们解释,真是“久仰”,不是客气,早就在泰国的华文报纸上读到我怀念汪博士的文字,连载多次,流传广泛。汪博士的同乡会尤其欣喜,说他一生奔波致力于泰国和东南亚邻国及中国的友好合作,一生帮助贫穷落后地区的民众,一生以佛心童心待人,周围的乡亲朋友同事们都了解,没想到汪博士的这一切作为在先祖之邦中国也受到高度评价,这可真算是光宗耀祖啦!同乡会还把华文报纸上我的追念文章复印下来,贴在会堂里,并在会员里面分发,让大家为有这么一位了不起的前辈乡亲而骄傲。“读了你的文章,我们感到更加自豪!”

那次我去泰国考察十多天，目的主要就是了解前不久他们国家政治纷争的后续。我在前总理他信（海外华人报刊也把他的名字音译成“戴克辛”）的家乡北部清迈待了三天。那儿好几个人——既有商人，有白领专业技术人员，也有普通老百姓——都说，他信在泰国北部根基深厚，又深得全国中下阶层民众的拥护，把他一棍子打下台，他不会罢休的。政治斗争做得太绝了，反弹就会太烈。“你丁教授是局外人，也可以看出，这次我们国家新总理艾比什面临的局势，跟他们不久前把前总理他信搞下台的局势一模一样。”一位华裔旅游公司的经理跟我解释。当时“黄衫军”街头示威游行，包围国际机场，搞下了他信。现在“红衫军”街头游行示威，要以其人之道还治其人之身。

我对他说，政治斗争宁可在国会里开打，也比在街头开打好上百倍。国会里怎么打，也打不死人，街头一开打，后果就难说了。这时正值中国农历春节节庆前夕，泰国北部的华人比例非常高，也能处处见到欢庆春节的景象。我对远处的佛像真心祝愿，希望他们的政治危机早点结束，很快实现全国全民的大和解。政治上最伟大的作为不是多结仇，而是多包容。

一回到香港，我就把泰国华文报纸转载《南方周末—名牌》杂志上我的口述回忆录的事告诉了几位编辑，他们除了为我惋惜拿不到泰国人的稿酬外，感觉棒棒的，于是继续催我口述，而且说，越是原生态的追忆，越是能够重现汪老爷子的非凡魂灵及对我的非凡情谊。

在动乱的泰国怀念美好

2009 年初春十多天实地访谈，从南到北了解泰国的政治冲突及其对东南亚贸易自由区进一步发展的影响。辛苦工作完毕，原本抱着心愿重温一种特别的古典式按摩，可惜能带我去的那位朋友实在太忙，我又必须回香港上班，只好留下一片遗憾。

在泰国，大街小巷都有按摩店。廉价的、底层的甚至提供色情服务的不在少数，而专业的、正宗的泰式按摩则通常挂有"classical"牌子。最好的那种店，客人进去，师傅看一看、摸一摸，对你的身体状况便能心中有数，从而判断适合在你身上使用哪些手法、力道如何把握。这些门道起初我与其他外来者一样不明白，幸运的是有精于此道的汪老爷子当时带着我。朋友们说，他三教九流无一不知无一不识，给他寄邮件只消写上曼谷市和他的名字，无需详细地址都能送到他手里，可见他多牛！如果想在一个人身上找齐最高档的和最草根的、最主流的和最边缘的元素，且能彼此和谐、切换自如，汪老爷子是我见过的第一人。

我说过，汪老爷子读大学时，已是远近闻名的左派学生头目，在泰国大学生中拥有非同一般的号召力，以至泰国共产党一心希望吸收他。可是他不能去，不是因为政治立场，更不是因为胆怯——他从来不怕危险，他什么都不怕。但是他的眼睛有缺陷不能从军打仗，走路都常常摔跤，实在无法进山参加游击战。即使如此，泰国共产党游击队司令部仍然舍不下他的魅力和勇敢，特别封给他一个“少校”军衔。如此一来泰国政府便非常紧张，在首都大学生中这样一个鼎鼎大名的人物成了共产党游击队的军官，在冷战时期那还得了！于是下令追捕他，他便逃跑，从泰国逃到老挝，再往北进入了中国，以前介绍过他的重庆兜一圈，便是由此而来。

在我们野外作业的环境里，多数时候没有好路，只有好车，人体的损耗是很厉害的，这也是汪老爷子特别迷恋古典式按摩的原因。说起这点，有一件半荒唐事不得不提。有一次，我们一同完成了在泰国达府的考察任务，最后安排云南外贸方面的官员与达府最高级别的几位官员进行一次政策交流会面。晚宴订在当地最高档的中餐馆，那座楼已有两百多年的历史，其间陈列着若干文物、名贵的红木家具等，气派不凡恍若皇宫。我们从中国过来的考察队成员为此操持多日，开宴前还在搜罗西方进口的红白葡萄酒，天气再热也得穿西装打领带脚踏黑皮鞋，非常郑重。

等到收拾停当提前十分钟来到包厢门口，未见人影，先听到一个男人和几个中年妇女在里边的嬉笑声。那笑声就像是一个永远淘气、喜欢恶作剧又已经不是孩童的老顽童，似乎在戏弄着谁、调侃着谁。我一听就知道是汪老爷子在里面，一时间傻了眼，他们在里面干什么呢？迟疑片刻进去一看，汪老爷子竟然在所有高官和我们这些东道主都还没到的时候已经坦然自若地落座，叫了两瓶啤酒，其中一瓶已经喝光了。两个三四十岁的女按摩师，一边一个，正坐在桌子下面给他揉腿呢！我真是又好气又好笑："汪老爷子，一会儿客人就到了，您看……"他却大手一挥："客人来了有什么关系？上面喝酒下面按摩，还有比这更幸福的事情吗？谁说这不幸福谁脑子有问题。"

我已经提到，汪老爷子两年前过世后按照佛教礼仪，遗体没有立刻火化，而是遵照他的遗嘱等待所有的好朋友与他一一告别。我一直没有去，一直不能接受看见他遗体的样子，我想永远保留记忆里他孩子气的笑容和永不消退的活力。这次春节前去曼谷，我思想斗争了很久，要不要去他家看一眼他的灵塔，最终还是没有去，我要让他永远活着。漂泊半生，游学天下，他是最与我臭味相投并且令我真心喜爱的人。

我这次想去而没有去成的那家特别的古典式按摩店，是多年前汪老爷子给我介绍的。2003 年我跟他在泰北山区做调研，地方偏僻，路况差，加上我严重晕车，直颠得骨头架子快要散掉。回到曼谷汪老爷子说，你脸都白了，让我朋友带你去体验一次绝无仅有的按摩，好好保养一下身体。他的这个老朋友、后来也是我的朋友的这位也不是一般角色，我们叫他陈大律师，华裔，祖上是潮州人，泰国朱拉隆功大学法学院的高材生，是泰国有关中泰之间经济贸易事务的头号法律权威。

那是个周末的早晨，我们开车上路，去往曼谷北部的古都大城(Ayutthaya)。那里原先是泰国的皇城，几个世纪前泰国与缅甸战败后该城被对方一把火烧掉过。陈大律师带着我简单参观了一下古城，我以为就是在这里按摩了，他却卖关子说这才是他给我准备的头盘而已，主菜还在后面呢。

继续开车，越往乡村走路越窄，最后就是土路了。好在不是雨季，车虽颠簸但还开得动，终于来到一个村子。下车一看，我可傻了眼，这位陈老兄就是一个古典建筑狂！赚的钱多得不得了，生活却过得很简单，所有钱财都拿来收购全国各地一百年以上要拆迁的老房子里他认为最有艺术性且保存完好的木制部分，比如窗棂、门楣、屋檐等等，集中运到这里。按照泰国两百年前的建筑风格，请他能找到的最好的木工师傅，尽可能不用一个钉子，组合成了一座超级大宅。三面用大木桩围成院子，留一面临河，两岸的陆地都是红土，河水也便是红色的。“我就是想给泰国古代民间建筑留下一座博物馆。”这是他的理想，为此耗费几十年的时间和积蓄也在所不惜。这栋泰国古式房子不着地，而是以巨大的木桩支撑悬空。这个建筑参照的是贵族规格，离地足有 250 公分高。屋下正中放置有一张两米长、一米多宽、不到一米高的条桌，木质考究，看年轮不下百年。等来等去，来者是一位差不多六十岁的老太太，黑黑瘦瘦，结实精干，两只眼睛炯炯有神，不似一般农村妇女。陈大律师介绍说，她祖上四代都是给皇家做按摩的，家族在村子里的另一职能和主要生计则是做巫师作法驱魔行医。这一好似寺庙中香案的长条桌，便是依她的建议购置的。

老太太不会说英语，陈大律师帮我简要翻译。按摩前首先要喝杯清水，去厕所清理一下肠胃；而后沐浴，身体要干净，头发也要梳理整齐；最后换上泰国传统的麻质睡衣，没有扣子，只轻轻地罩在身上。

我首先脸朝下躺倒，老太太一只脚踩在条桌上，另一只脚的脚后跟、脚掌、脚尖、脚趾骨一一揉捏我背部的每个角落；接着双脚完全站在我的背上，一只脚导引我的四肢配合她舒展活动，另一只脚帮我从耳后纵向按过；一只脚向下、一只脚向上将腰的上半部和下半部像拉面一样拉扯开；再一只脚向左、一只脚向右将身体像摊烙饼一样横向推拉；而后身体两侧，而后正面脸朝上。她的脚板很硬，可能是一天到晚打赤脚的缘故。她的嘴里轻轻哼着不知名的旋律，据说是作法时具有催眠作用的歌曲。她就好像是中国北方农村里揉面团的老太太，我就好像一堆大面团。她好像忘记了我是有骨头的，我也慢慢失去了知觉。那是我懂事以来最深沉的一次睡眠，仿佛忘记了今生的一切。待到醒来时太阳已将落山，四五个小时过去了，老太太已经悄然离去。我再也没有感受过那样的睡眠，此后至少一周里面每天都感觉身轻如燕、心情开朗、精力充沛，完全不打瞌睡，头脑灵通，只想干活。

老太太没有传人，几个孩子都在城里的工厂打工。而按照她遵循的天地人宇宙观，寸步不愿离开家乡，外面的人只好慕名而来进村找她。老太太喜欢吃些零食，这样的一次按摩付给她 40 美元已算厚待，权当是喝茶费。而其实这等程度的技艺，便是一两百美元也不为过。此绝技若失传，才是真遗憾。

此等按摩，天下无双——直把你当做一堆柔若无骨的面团，其绝技渊源据汪老爷子说，也是挺广博的。泰国人从文明承袭上说有两个源流：一部分来自印度，这影响了泰国的语言和宗教；另一部分来自中原，特别是中国的云南，带进来中医推拿的知识和技艺。与印度瑜伽一交融，慢慢演变成泰国古典式按摩技艺主流。

很多人到泰国去，尤其是欧美人，最享受的就是古典式按摩。按摩店在泰国随处可见，尤其在旅游景点可能比中国的餐馆还多。但是与传统手艺在中国日渐消亡的尴尬境地相仿，真正有家族传承的按摩师傅已经非常少了，这就好比中国随处可见的“扬州师傅”敲背捏脚，多半名盛于实。我跟陈大律师说，要是请得动老太太的大驾去中国，在气候与泰国北部相近的西双版纳找一个远离喧嚣的所在，开设一所古典式按摩高等学校，两三年下来，非但这门绝技传人不乏，老太太本人也会养老金大发，泰中友谊的大树还会增多粗壮枝叶，三全其美！

缅甸医生教导我：鸦片是吃的，不是抽的

2010 年年首我又从东南亚考察了一圈回来，沿泰国进缅甸先横穿再纵行，乘车深入中北部数百公里。现在的东南亚的很多地方，特别是边境地区，与上世纪末已经有了很大不同。秩序不像从前那么乱了，同时也就意味着，奇奇怪

怪有劲有趣的事情越来越少了，越来越走向常规，与所谓正常社会的差别越来越小了，越来越少了雷人效果的刺激。

上世纪九十年代中后期我去东南亚做调研，那时还没有搭上汪老爷子的探险队，大部分时候自成一家闯荡江湖。有一次接受委托去考察中国与东南亚之间的跨国交通系统涉及的区域政治秩序是否稳定，大的交通项目若是铺开建设是否可行——不久以后这个难题就成了我和汪老爷子的"和谐号"合作项目，他给这起名为"North-South Corridor of the GMS"，就是"大湄公河次区域北南走廊"，由昆明直下东南亚多处中小城市和港口。

为此我需要从云南出境，经缅甸走两三个国家一直往南到出海口。事出紧急，来不及提前十多天打防疫针。因为即使立刻打了针，也要一个星期后才有效果，然后才能过境，实在等不了那个时间了。当时是四月，快要进入雨季，东南亚的一些传染病对没有抗体的外地人可能造成严重甚至致命的伤害。对此我丝毫不敢大意，因为就在一年前我出过一次事故。当时柬埔寨内战结束不久，我去到很偏僻的一个乡，到处有红色高棉时期的万人坑。天气非常炎热，白天我搭当地人开的摩托车到处跑，晚上住在一个小客栈里。两三天以后，右腿的小腿肚开始红肿，发展到后来慢慢化脓，但并没有剧痛的感觉。我想可能是被虫子咬了，问题应该不大，就自己用手把脓液挤出来，去街上买回来一瓶红药水涂上。十多天之后我回到香港，腿上肿的颜色已经不对劲了，中心的地方开始发紫，我赶紧去医院找医生。医生对我说，第二天就是大年三十，全香港开始放假，他的助手已经离开，他也买好了当晚的机票离港。但他必须要给我动手术，因为我不是一般的状况，

已经快接近败血症了，如果再耽搁几天可能连那条腿都保不住，不得不锯掉！最后他是在没有助手施麻药的情况下，用带子把我绑在手术台上，用刀把受感染最严重的组织挖出来，就像华佗给关公刮骨疗伤一样。那种锥心的疼痛，无法用言语形容。我只记得当时两只手死死攥住手术台两边的栏杆，全身大汗淋漓，几乎就要昏死过去，现在腿上还有一个大疤。

事已至此，怎么办？活人总不能让没有防疫针的事憋死。我到了云南瑞丽一个国境线上的村子，当地人告诉我，在村子属于缅甸的另一边有办法。下午四点多钟，边防警察开车带我过境，交给缅甸一边的村民，辗转经过好几个人的链条，我被带进一个小院子。里面有三四个小房间，客人在其中进食，互相不见其面不言语。食物是一锅鸡，很深的砂锅埋在地下的土坑里用炭火焖，锅盖四周封着土。我去后他们把砂锅从地下取出来，把土刮掉，揭开锅盖，那个香味哟，一辈子从来没有闻到过，它有一种渗透力，一直往你身体里钻。

这鸡有什么讲究？首先得是至少一年以上的老母鸡，提前一天不让它吃任何东西，只喂清水，目的是把肠子冲洗净。大半天之后，把大烟土塞进它的嘴里，有点像填鸭一样，再喂它喝水。到第二天中午，差不多 24 小时过去了，宰

了那只鸡，一点血不能流出，尽可能保持完整。接着放进砂锅里，焖上六个小时，才放在了我面前。他们说，要把肠子和内脏尽可能全部吃下去，汤尽可能全部喝掉，

大烟土的药性都在里面。于是就着一碗当地的苞谷烧酒，我从六点吃到九点多，基本完成了任务。也吃了一点鸡肉，剩下的留给了当地人。

临走的时候，带我去的人向我交代在接下来的时间里可能出现的症状，说明药在发挥作用。当天晚上睡觉的时候，果然效果开始出现了。第一个反应，五脏六腑里热火熏熏；再者，想喝水就喝水，想吃水果就吃水果，想喝白酒就喝白酒，除了西药没有禁忌，但是一天一夜之内都不感觉要上厕所。第二天下午我过境姐告，顺着当地的土路一直往下走，大部分时间都在农村地区，条件差得一塌糊涂。当地人吃喝什么我就吃喝什么，他们生吃我也生吃，整整八九天，没有任何蚊虫叮咬我，也从来不闹肚子，晚上睡觉好得不得了，一路畅行无阻。这在哪怕卫生状况有了很大改观的今天也是不可想象的，我习惯随身带着很多止泻消炎的肠胃药，常常都还抵挡不住。就这么一锅鸡的效力，能在体内持续半个月不消散。记得那天缅甸村子里的土医生教导我："鸦片本是吃的，不是抽的，只吃不抽，有益无害。"

很久以前我看过一本由法文翻译过来的书，叫做"鸦片史"，讲述了为什么鸦片在人类历史上那么珍贵。尤其是在没有现代医药工程技术的过去，许多病痛无法医治，但是鸦片可以对付。后来我常常感慨，如果能有办法，使得大烟土

像一般药物一样在药房便能买到，同时又不至于被滥用，那将减轻人类的多少痛苦啊。如果诸葛亮南征的时候知道了这么一锅鸡的神奇，那蜀国的命运恐怕也就会改写了。

这么一锅好鸡，又有这么多大烟土，多少钱？我付的是美元，折算成人民币（那时一美元换八块半人民币），也就差不多五百多块。这辈子吃过不知道多少好东西，唯独这锅鸡，空前绝后。那种味道之鲜美不仅仅停留在舌头上，连你的肌肉、经络都能感受得到它渗透入微。所谓刻骨铭心，也就不过如此吧。两年后我与汪老爷子同行，聊起这件事，他怜悯地斜看着我："你真是没出息，一锅大烟土老鸡汤就把你馋成这样！下次我带你进金三角隐秘深处，住上十天半个月，一分钱不花，随你吃随你喝。"

古风犹存的“创办人”

忆台湾“联合报系”首任董事长王惕吾

- 迟发的简短记忆
- 在美国结识早先的中国
- 擅自联系去台湾访问考察
- 我圆了访问考察台湾的梦
- 一人背着包走遍台湾岛
- “重小节，不重大节”的道理
- 附录：最后的中国国民党人

王惕吾先生

在香港工作了将近三年(1993 年 2 月至 1995 年 12 月)以后,我离开殖民主义的香港去了资本主义的澳大利亚,在该国唯一的一所国立大学专职做研究,免于教课,旅行机会多多。1996 年 3 月下旬的一天,我在从马来西亚首都回澳大利亚首都的飞机上,随手翻阅到一本香港发行的《亚洲周刊》,突然看到了台湾“联合报系”创办人王惕吾先生去世的消息。我看到这个报道,一下子就怔住了。在返回堪培拉将近八小时的两段旅程里,虽然乘的是商务舱,美食美酒皆有,我却什么也没有吃,只是一个劲地喝水。我想起了以前跟王惕吾先生交往的一些事情——就是那么几次的交往,他却给我留下了独有的、不可替代的印象。

迟发的简短记忆

他去世的那阵子,我在澳大利亚读到好多海外发行的中文报纸上,纷纷有人写文章悼念他。我本来也有意写一篇,想从很细腻的个人角度来写,而不是像此时众多的悼念文章那样,从他跟蒋经国的关系、他在国民党里的政治地位、他的政治观点和坚决反“台独”的角度来写。但是一想,我可能找不到最合适的地方来发表,因为在那时的海外华文世界里,很少有中文媒体不是在“联合报系”范围内的。海外华文严肃媒体,有在北美的,有在西欧的,有在东南亚的,许多家都是《联合报》主办或合办的。我要是在“联合报系”的媒体上发表,可能会被有些读者误认为是受约“吹捧”

他们的已故老板，反倒会减弱了我的纪念文章的真情实感。

纪念文章就这样给耽搁了，但这件事一直沉淀在我的心里，每次跟曾经或继续在“联合报系”工作的老朋友如张作锦先生、林载爵先生、薛晓光女士、王丽美女士等人见面或电话聊天的时候，我们都会谈起王惕老——这是他们报系同仁对他的敬称。一直到他去世整整十年之后，我才把积蓄已久的思念，借广州《南方周末·名牌》杂志的口述专栏“愿生汉唐”，靠了该杂志执行主编黄惊涛博士的记录整理，终于发表了一篇版面受限的浓缩简短纪念文章，刊登在杂志的第四期(2006 年 4 月出版)上。

在美国结识早先的中国

讲述我怎么有缘分认识了海外华文媒体中最大的报业集团《联合报》创办人王惕吾老先生的故事，差不多就等于是讲述我怎么认识了海外华人的知识文化圈子，怎么认识了台湾社会，怎么认识了客乡知己，怎么认识了异域故人。而要讲述这个连环故事，哪怕只是以眼下最省略的方式讲，也非得从头说起不可。这个头，起源于美国东部，时间大约是 1985 年的下半年初秋时节，那时我刚从美国中北部的匹兹堡大学，跳槽到哈佛大学攻读博士学位。来到波士顿-坎布里奇地区，周围的一切都大不相同了。在匹兹堡待了两个学期共九个月，基本上是与世隔绝的——这里的“世”是指中华世界，匹兹堡那里除了有一两家中国杂货食品小店、两三家中国餐馆之外，没有什么中华文化事业和相关的公共活动，也没有华人媒体的关注。一到了波士顿-坎布里奇地区，主动来找你的人和事就多了，你想不介入都不可能，你成天“被关心”“被热闹”。我少量地参加了几次“哈佛-燕京学社”的历史文化研讨会，又参加了几次“费正清研究中心”的午餐讨论会，马上就认识了一帮海外著名的华人学者和记者。其中一位就是薛晓光女士，她那时任“联合报系”《世界日报》美国东北部的资深记者，由于她的先生是“费正清研究中心”的行政事务主管，也就是时任该研究中心主任马若德教授的副手，所以她经常耐心地坐镇大学校园内的这类研讨会，从头认真听到尾，还记着笔记。

《世界日报》是1976年2月12日创刊的，总社设在纽约市法拉盛区，同时在美国西部的华人重镇旧金山市设立了分社，是第一份向全美国（后来更延伸至加拿大）发行的中文报纸。我们读书期间，该报早已成为北美发行量最大的中文报纸，在洛杉矶、多伦多、温哥华三大城市增设了分社。在华人留学生的热烈呼吁下，“费正清研究中心”图书资料室的主管南希·贺斯特女士（Nancy Hearst，她认识过去半个世纪以来在哈佛大学读书和做年度访问学者的几代华人名家）破格增订了一份《世界日报》，本来该图书资料室只订购中文书籍。我每天晚饭后散步从研究生宿舍穿过哈佛园来到哈佛广场，在报刊零售摊上买一份《世界日报》就转身回去，稍微来晚了二三十分钟，报纸就卖完了。早先我不明白为什么报社不多印刷一些，增加零售量，后来被告知每份报纸的零售价格只有四分之一美元，远低于印刷和运输的成本费，越多印刷运送各地就越不合算，适量印一些供零售是为着保持对读者群的影响力。我这个在社会主义制度下出生长大的市场经济“钱盲”，才算明白了报纸经营的初级会计学。

我跟王惕老的缘分，多半是因为江苏徐州郊区出生、也是不知道自己真正生日的张作锦先生，那时候他是《联合报》驻美、加新闻中心主任，比《世界日报》主管还要高一级。至于原在《联合报》台北总部任高职的张作锦为什么偕夫人到美国来，听说是因为他的孩子在美国念大学本科，王惕老就跟他说，你还是去美国吧，孩子没有人照顾不好，你没有太太照顾也不好。这样王惕老就专门为他设立了这个新闻中心主任的要职，使他予公予私予家予小，样样都能兼顾到。从这个细节上，我顿然感到王惕吾先生跟我们通常想象的私人企业大老板不一样，太不一样了，颇有春秋战国时代贵族待士的古风。

擅自联系去台湾访问考察

在 20 世纪 80 年代的中期，其时从中国大陆来美国的留学生差不多都是公费生，一方面对台湾是异常的好奇，但是对跟台湾方面直接接触又有诸多的忌讳。大家都知道，虽然那时两岸在政治上依然对立，没有正式往来的空间，但双方在民族认同上是一致的，所以我们都很想亲身去了解真实的台湾。对于我们要身体力行了解台湾的强烈意愿，张作锦起了巨大作用。他多年任职台湾第一大报的资深主管，文章极有影响，认识的台湾政界学界要人一大串，能传达音讯。(多年以后，他成为两年一届、备受尊崇的“总统文化奖”第八届文艺项的获奖人，名至实归。)而幸运的是，其时的政治大环境也初露转机。

大约是在 1987 年，蒋经国先生到了晚年，糖尿病弄得他身体已经很不好了。他担心，台湾和大陆已经分离了这么长时间，以后会怎么办？所以他在去世之前做了几件事情，其中一件就是要把两岸之间的民间交流开展起来。那时候对于这个极其敏感的问题，台湾官方没有任何公开的文字明说，但是我们这些在美国主要大学里的大陆留学生，明显感觉到台湾方面在美国的人士对跟我们交往的戒心与日俱减。我们私下里议论，中国留学生在近代史上为国家做出了那么大的贡献，现在我们虽然都只是普通留学生，但是抱着希望做有利于民族事业的真情，为什么不可以联系到台湾访问考察的事情呢？去试一试，如果有什么成果，那对中华民族的内部和解有点好处，即使附带有什么不好的方面，那也只是我们个人的责任，并没有把中国大陆的官方机构或者原来的派出单位牵涉进来。

在这个动机驱使之下，有几个大陆留学生就想，能不能透过《联合报》系在美国的分支主管人士，代转一封言辞恳切的信函给台湾最高层，说我们这些大陆留学生想到台湾去看看。后来，这封信透过“联合报系”，递到当时的国民党元老人物之一、“行政院院长”的李焕先生手上了。听说当时的国民党高层非常重视这件事，交给马树礼先生来经手处理。马老先生其时是国民党中央常务委员会的秘书长。他也是一位很了不起的人，在抗日战争之前他是东南亚的华侨人士。抗战全面爆发后，他立刻主动回到中国内地奔赴国难。他也是一个老报人，曾经是跟周恩来、郭沫若有过办报联系的。很多年之后，中国内地的主流报刊才有机会直接描述马老这样的前辈人物。其中有一篇专门采访马老的亲侄子(其实应该算是马老的过继儿子，因为马老膝下无子女)马建华的长文，特别引用了我最初对马老的钦佩感言：

> 据香港科技大学教授丁学良回忆，1989年圣诞节，他与其他几名手持中华人民共和国护照的同学成为第二批来到台湾访问的大陆留美学生(丁按：我下面对此有准确解释)，马树礼是促成此事的重要人物。对于丁学良等大陆学生此行，当时的媒体有不少政治化的解读。丁学良也与马树礼有过多次长谈。“他对我说，推动大陆留学生访台，让他们亲眼看看台湾的现状，不是为了哪一个党派的利益，而是为了中华民族的利益。在这件事上，他受到了一些压力，但他当时从来没有对外说过。”马树礼一生清廉、谨慎。丁学良记得他访台时，马树礼请他吃饭，声明是他“自掏腰包”而非公款吃喝。马建华则记得，他大伯在日本当驻日代表的时候，马家的另一位侄子跑到日本去，被马树礼知道了，硬是把人找来，当面一顿质问，“问他来干么，说是来买东

西，他就说，你以后没事不要跑过来，要什么东西列张单子给建华，让他买好了给你寄回去”。按照马建华的说法，清廉是两蒋时代国民党官员颇为普遍的价值观。他们那时候觉得台湾就是他们的，已经是口袋里的东西了，何必贪呢？当初大家也都没什么钱，蒋经国夫人蒋方良想回俄罗斯娘家，拿不出路费，也只好作罢；“中国钢铁公司”创始人赵耀东退休的时候，民进党追查他以前有没有贪污，一查就不敢讲了，因为太清廉了。后来“中国钢铁公司”的董事长一年要拿几千万新台币的薪水，赵耀东退休时才领二十万。（《中国企业家》杂志2013年第24期朱汐专稿：“秋水文章不染尘”）

在联系去台湾访问的过程中，我算是最积极推动加鼓动的大陆留学生之一。在众说纷纭的这件事情上，我的态度立场属于坚定顽固的中间理性派。为了避免大陆官方发生不必要的误解，我当时写了篇文章发在《世界日报》上，主张首批、第二批、第三批去访问的人员，最好单纯是以大陆留学生的身份，而不要有任何添加的明显政治身份，无论什么色彩都不要。这样做，一方面是为了避免给在台湾政界、舆论界帮忙推动这件事的人惹麻烦，另一方面也是不要让大陆这边认为申请访问台湾的留学生是搞“异端行为”，所以我公开强调访问一事必须是独立的和中立的。这个看法台湾方面接受了，但是也得罪了在美国的很多留学生，遭到了一些人的误解甚至反对，他们以为是我想“操纵垄断”这件事，因为我一直在背后大力推动。本来台湾方面是邀请

在台北市圆山大饭店贵宾厅会见抗日战争期间投笔从戎的前辈马树礼先生，他当时任“中国国民党中常委秘书长”，大力推动台湾海峡两边的民间交流。我从美国波士顿带给他的是一幅 Cambridge City（堪布里奇，即美国的剑桥）空中鸟瞰大照片。马公有一个孙辈在那儿读书，非常想念那个名校云集的伟大的小城市。

我带队首批访问的，我为了避嫌，为了表明我写上面那篇文章不是为了我个人得什么好处，不是为了出风头，而是为了公益的事，所以前两批访问台湾我都没有去，让出机会给别人先去了。马树礼先生特地指派他的下属，从台北到波士顿来劝说我参加首批访台并充当带队人，还再次向我澄清，台湾官方绝不会强加政治色彩，请我释疑。我说我信任马老主事无私无偏，并反复解说，自己谦让不加入前两批，是良心安稳的做法。

从马树礼先生派来的那位下属口中我又得知，为了使最先三批访问台湾的大陆留学生免于政治上被误会，王惕吾先生私下里向马老提出,台湾方面不要由政府拨款资助,所有的费用由他一人包办。薛晓光还告诉我,王惕老不想此事过分声张,他的文化基金会做类似的资助频繁。你算算看,几十人的往返机票、旅馆、餐饮、考察,等等,可不是一笔小钱。从这件事上,我又看到了王惕老的待人古风。

我圆了访问考察台湾的梦

到了 1989 年的 11 月初,我的博士论文草稿快写完了。那年的圣诞节前夕,我第一次动身去台湾,想看看台湾的基层选举盛况。这次访问考察当然也是王惕老私人资助,他并且让张作锦先生转告我,去了台湾想看哪儿,想见谁跟谁座谈,想吃什么喝什么,都尽管提出来不必客气,会照我的意思尽量安排。我是 11 月 29 日晚到达台北机场的,一下飞机,看到周围那么多的中文字,热血立马涌上头。我在美国已经待了五年半,这期间从未返回过中华故土,对台湾这个中国人社会感到特别好奇和亲切,在机场里左看右看,像个乡下佬进了大观园,舍不得离开。

这时候大约已经是晚上七八点钟了,那些来迎接的人就催我,说我们得赶快走,我们的董事长还在等你吃饭呢,而且航班到达前他不断地打电话来问飞机有没有误点什么的。我听了之后,很不好意思。我已经在飞机上吃过了,但是没想到那么大年纪的王惕老,还在等我吃晚饭。王惕老专门安排用自己的奔驰 560 座车来接我,而我那时候是一

在台北市拜见学者出身的外交家钱复博士,他刚从"外交部长"任上退职,跟我细细讲述为什么他们那一代中国留学生不管人在何处,都不忘中华复兴的宏愿。

个跟他的小儿子年纪相仿的晚辈穷学生。

到了位于繁华市中心忠孝东路的《联合报》办公楼的大客厅,我才发现王惕老把"联合报系"各报刊和出版社的所有不当班的高层主管都请来了,大家坐了两个大桌子。前两个星期里受薛晓光特别推荐负责接待我的报社对外联络室主管欧阳元美女士悄悄地跟我讲:"王惕老不到餐馆里请你吃饭,是因为餐馆里的菜不好吃。知道你很爱吃,所以董事长特意安排他的浙江老家的私人厨师操刀,精心做东阳一带的传统家乡菜给你吃。"我觉得有点受宠若惊。第二天,时任《联合报》社社长、也是我们安徽老乡、震旦大学毕业的刘昌平先生请我吃饭,席间他的老朋友对我说,你不要对昨晚的事感到不安，王惕老对人一贯都是这样的。他们跟我讲起一件事情，说在 20 世纪 50 年代，刘昌平得了肺结核，这在当时是个令人恐惧的传染性极厉害的病魔。王惕老知道了，跟刘昌平说，你下班后就不要回家了，回到家里吃住，会把这个病传染给老婆孩子，多不好！刘昌平说，我不回家也没第二处地方可住啊。王惕老说你还是跟我住吧。刘昌平说，那跟你住不是会传染给你吗？王惕老说，我也不是不怕被你传染的，这样吧，我把住房边的车库腾出来，整理成一个小房间给你住，你吃饭也不要到食堂里去吃了，免得传染给报社其他的同仁，我叫自己的私人厨师给我做饭的时候做两份，让他把添加的那份给你送过去，要是传染，倒霉的也就是我们几个人。

刘昌平的肺病就这样给养好了，一条命给救回来了。刘先生他们跟我说这事的时候，怕我不明白那个时代的肺结核病意味着什么，老是用“那个传染病比癌症厉害得多”的话解释。其实我完全了解，我的幺舅舅当年才二十出头，就是死于此病，那时在乡下除了父母亲以外，谁都不敢接近他的病床。当时我听了这个故事，真是感动万分。我在美国已经听到了张作锦先生讲的事，刚到台湾又听到了刘昌平他们讲的事，马上就觉得，现代世界里还有这种古典时代待人的方式，是两千年前的中原古风传承啊。

一人背着包走遍台湾岛

我去台湾是被台湾官方“特批特办”的，同早先几批大陆留学生一个模式。对我是批了在台待两个星期的最高限度。那两个星期里，王惕老专门派了两位资深记者陪我去现场观摩地方选举。两个星期结束前的两天，台湾的哈佛大学校友会会长陈长文大律师、校友会秘书长高惠宇女士（她那时还是“国民党中央选举委员会”的委员并任《联合报》的采访部主任）请我吃饭。我跟陈先生说，我来了两个星期，每天都是忙于正规的和官方的活动，不知道以后还有没有机会再来台湾，所以还想去各地乡村小城看看，这样对台湾的了解才是多方面的。陈长文——他是台湾后来成立的“海峡交流基金会”（统筹两岸关系的最高半官方机构）第一任副董事长兼秘书长，也是台湾最大的法律事务所主持人，还是全台湾个人纳税额第一名——就跟我分析了一下到期了还不走、申请延期的文件没批下来会有什么后果。

他分析了三种可能的后果。第一，就是把你丁某人抓起来关进牢里，不过这太不可能，因为你是被邀请来的。第二种可能是被遣送回原籍，你是安徽人，那只能把你送回安徽去，但是台湾和大陆之间没有通航，根本做不到。第三种可能是把你遣送回本次旅行的出发点，你的出发地在美国波士顿，你反正就是要回美国去继续读博士的，这样的话台湾官方还要帮你买张飞机票，你一点都不吃亏。他从台湾法律的角度来分析，认为我限期到了人还不走，这个风险冒的不大。这样，我们就在最后一刻把申请延期的文件递上去了。幸好当时的“法务部长”是马英九先生，也是我们哈

在台北市拜见前辈经济学家蒋硕杰院士，他是全球知名的经济学家，华人中第一个被提名为诺贝尔经济学奖的参选者。

佛的校友，他当时因为跑步锻炼把胳膊摔断了，住院治疗。欧阳元美一打电话到他的办公室，立马联系上了。马英九这个人很厚道，我见过当高官的像他这么厚道的人真不多。联系到2015年他第二任最后几个月的作为，我还得加上一句：高官里面，像他那样自始至终一以贯之的人也不多。会见我前几天，他还待在住院部，手臂绑着石膏，听说我要拜访他，就跑回办公室来接待我，谈了一个多小时，畅谈他那一代人的中华情怀和台湾的前途，最后解释说："不能陪你喝酒了，我还得赶回医院去治疗。"不过我很快拿到了"行政院、内政部"给《联合报》社的复函，允许我延期在台继续考察。这样我也就成了第一个持中华人民共和国护照（不过在登机口就被暂时收藏了，不可在台使用）、在台湾连续待了一个整月的人。报社记者跟我开玩笑，说以前我们这边接待的大陆人，都是“反共义士”，也就是你们那边讲的“叛变投敌分子”。你们这些留学生算是我们接待的第一拨既不是“义士”、也不是“叛变”的大陆人士。二十多年以后的如今，看看每年两岸民间互访交流的人数高达几百万并且还在日增月长，真是有世纪翻转隔代之感。

时任“法务部长”的老校友马英九特地从医护室请假来面晤我，与我讲述他当年在哈佛大学法学院做学位论文时的艰苦研究——有关东海岛屿和领海争端的国际法问题，其中核心是钓鱼岛。所以最近几年每逢钓鱼岛问题变成国际关注的热点，马英九出面论述，显得特别有功力，那是多年前历练出来的硬功夫。

后面的两个星期里我就去台湾环岛的乡镇周游访谈，出发前王惕老又说要用专车送我下去，配个记者同行。我请他不要再操心了，我说在台湾语言通就万事不难，最高兴像个普通大学生一样，背个包、坐大巴、乘火车四处转转。王惕老告诫我，台湾地方小吃五花八门，可不要太贪吃弄坏了肚子。为了不出大事，他特地让他的秘书交代《联合报》驻各地的记者站人员，在我每到达一个小地方的时候，见面认识一下，留下联系方式，若是遇到麻烦事就能照顾得上。王惕老还跟我说了他年轻时在乡下吃坏了肚子的经历，那是抗日战争中，他们部队从沿海一路打打走走，往内地撤退，自从进入中南和西南地区以后，吃的都是辛辣菜，他们这些浙江大兵实在受不了，常拉肚子，不过也没办法，不吃当地的辛辣菜，那就啥都吃不上。后来部队撤进贵州境内，刚好是七月炎热季节，老乡捧出大西瓜慰劳抗日官兵们。他们一见鲜红水莹的开膛大西瓜，张口狼吞虎咽，"哇"的一声马上又呕吐出来，原来西瓜瓤里拌撒了红辣椒粉——当地老乡吃西瓜就偏好这个风味。

"重小节，不重大节"的道理

王惕老在国民党里面的资格深厚坚挺，他跟随蒋介石先生多年，还任过蒋的侍卫团副长官，少将军衔，最后做到"国民党中央常务委员会"的委员。他做官做得顺顺当当，却在1950年毅然决定下海办报纸，此后一生没再改行。他原本军人出身，却大半辈子跟文人在一起，而且相处得极融洽，直到人生旅途终站。在他晚年肾衰竭的时候，有一次他把《联合报》跟他共事多年的老报人同事找到他的办公室，那时候他已经不能站立了。他一个个地摸着他们的手，说："我这个人是行伍出身，从来没有受过新闻学的专业训练，我之所以做成了华文私人报业中数一数二的报系，是因为有你们。我有亲兄弟在浙江老家，已经分隔四十多年了，但是我们呢，天天在一起，虽然没有血缘，比亲兄弟还要密切。"王惕老是用"袍哥"的情谊来待人的，只要你在他的报社里工作了一些年头，不论位置是高是低。我们现在说老板和员工之间的关系靠契约、靠法律来维持，但是我看仅仅契约、法律是不能取代这种情谊的。

王惕老是以旧派的诚挚之道待人，他跟我讲过一句话——这话我从他身边的资深报人那里也曾听说过——至今铭刻在怀。他说我们中国人常常讲"大德"、讲"大节"，说只要一个人有大德、大节就好，对他的小节就不要计较了。他说我看人用人不是照这个道理，我是重小节不重大节。"大节是看党派关系，看政治态度，看跟政府打交道，小节是看这个人怎么对待自己的亲戚、朋友、同事，怎么对待长者、妇女、弱者。大节、政治观点是会变的，但是小的方面是很难变的。一个人不管你多么聪明，不管你的政治态度怎么正确，但是你的小节不好，我就不敢用你，不愿跟你做朋友。"我常常回想起这番话，自己的阅历越是增长，越是悟出它的合情合理、地道可依。一个人如果对他的家人、亲人、友人都不真心相待，甚至耍心眼搞花招，这样的人你还敢跟他一起出生入死干大事？他随时都能把你给出卖掉！拿破仑当年挖苦他手下最能干、最有实权的高官之一、外交大臣塔列朗的时候，说他“随时准备出卖任何人包括他的父亲在内，只要价格合适”。这位外交大臣果然后来把拿破仑也给出卖了，而且卖给不止一家。

我们经历过中国1966—1976年那段不同寻常的大风大浪的学生，很多人都还记得那期间林彪的一句名言：“用人要看大节不看小节！”据老红卫兵所言，林彪这句话是因为时任总后勤部部长的邱会作的生活作风太滥太黄太臭名远扬，招致的民愤兵愤太大，被举报被贴大字报被批斗被体罚，汇报到上司林彪那里，被他的一句话保住了政治生命，并且还扶摇直上，一直到1971年“九·一三事件”后才被关押。比照王惕吾先生和林彪元帅的看人用人之道，前者是孔孟一路下来的，后者是法家一路下来的。前者是本分人行本分事的哲理，后者是非常人行非常事的哲理。在这个人人都回避不了的问题上，读者不妨回味一下18世纪末法兰西大革命期间一件极有意思的笔墨官司：英国的那位著名的保守派思想家柏克(Edmund Burke)，对法国那位更有影响的激进派启蒙思想家卢梭(Jean-Jacques Rousseau)——此人在中国好几代知识分子中堪称是激进叛逆的偶像——很不以为然，抨击后者言论上热情宣传天赋人权，倡导幼儿教育，行为上却把自己的孩子遗弃在孤儿院不管不问。如果我们套用王惕老的看人用人尺度，可以说柏克是以一个人的“小节”之行，来对照其人的“大节”之论，反照出其人的非常不地道的一面。有兴趣的诸君，可以读读台北市天主教辅仁大学历史系汪氏学者在《新史学》刊物上的相关文论，很有启发的。

我还要讲讲王惕老对他的另外两位年轻下属的事。我在波士顿的时候，《联合报》系送一个人来哈佛大学肯尼迪学院进修，这个人就是林载爵，现在是联经出版公司的发行人兼总编辑，接了刘国瑞先生的班。刘老也是安徽人，当年送过我成套成箱的联经出版的学术书籍，那对一个穷学生来说，可谓价值不菲。再一位是黄年，后来接替刘昌平、张作锦两位前辈任《联合报》总主笔兼社长，他是被送到英国牛津大学去进修的，这两位都成了我的好朋友。他们报系里面还有很多人都是王惕老私人掏钱送他们出去进修的，学费不菲。王惕老为什么要这么做？当然是出于对教育、对年轻人的潜力和前程、对报系的发展依赖于人才具有百分之百的信心，不然，私人公司的老板是不会这么做的。普通的私人公司，有几家的老板会花自己的钱把不是自己亲属的年轻员工送到国外名牌大学去进修？老板不怕他们学成后跳槽跑人？不一样的老板，不一样的待人，天差地别。

王惕老为浙江东阳老家办了很多善事，开办医院，修路建桥，资助学校，设立奖学金，每年花大把大把的钱。但他好像来台湾后一直没有回过家乡探亲，我几次想问他啥时候回一趟故里，都没敢问出来，怕触动他的隐秘心事。毕竟，他那一代人经历过近现代中国太多的翻天覆地，见证过太多国人的磨难。

我从台湾回美国后过了好一段，大约是 1990—1991

年，有一次王惕老去美国东部治病，他想要我去看看他，我就从波士顿坐火车去了纽约。当晚在一家很有名的中餐馆“东升楼”吃饭，他说他胃口不是很好，要我想吃什么点什么。我对自己点的江南风格的三个菜赞不绝口，一个是千张结红烧肉，一个是雪里红炒毛豆，一个是烤笋子，都是我家乡那一带的菜，在当时的美国不大有机会吃到如此地道的中式佳肴，这三个菜被我吃得精光。晚饭后，我上车去张作锦先生在法拉盛的家里住，发现车子后面有个很大的包，司机说是王惕老安排让我第二天带回波士顿的，原来是他要饭馆大师傅把那三个菜每个都炒了一大份，让我多享点口福。那个时候王惕老的慢性病已经是中后期了，但这样的小事情他都还放在心上。我第二天回波士顿后就着这几个菜下酒，眼睛都湿润了。那是我跟他见的最后一面。

王惕老对中华文化在台湾的传承起到了不可忽视的作用，林载爵说他最得意的事情是在台湾的读者调查中，读者们最喜欢的书不是其他的通俗作品和翻译作品，而是《红楼梦》，这在台湾民间是很了不起的。联经出版公司就是在做这些事情，常年出一些不赚钱的中华文化精品，这都是从王惕吾先生那里传承下来的。林载爵告诉我，台湾以前有个历史小说名家叫高阳，喜欢喝酒，酒量大，而且要喝进口的白兰地 XO。而 20 世纪五六十年代的进口 XO 在台湾是很贵的，高阳凭自己的稿费根本喝不起。那时候为了把中华历史小说在台湾传开去，王惕老每天安排给他买好 XO，送到小楼上去，让人把楼下的梯子抽掉，像古代的王羲之一

这张照片拍摄于 1989—1990 年间，也就是王惕老邀请我到台湾做调研的第一阶段。那时他身体还硬朗，能够坐在一旁，看着我们几个中青年吃他家乡的菜，看得满面开颜。

样，让他进入一种意境，写好了一篇稿子才把梯子搭上去。这就是古风犹存，在今天这样的商业化时代里，太少见到这种古风了。现在我们常常讲管理科学和管理艺术，我觉得管理首先就是要以心待人，以诚待人，这是什么样的艺术和科学都不能替代的。

王惕吾先生去世的时候，我没能够去灵前悼念他，回到澳大利亚首都以后，我给他的家属们发了一份传真，说我要到老人家的坟上去拜一拜。两年后我去台湾开会，第一件事情就是让张作锦先生亲自陪我去王惕吾先生的坟上。他葬在离台北市很远的一处风水很好的地方,开车要一个半小时。我到了那里,按照我们皖南乡下的老规矩,给他磕了几个头,以表达我对生前待人极有华夏古风的王惕吾老先生的敬意。

在我虔诚跪拜的那时刻,张作锦先生肃立一旁,双眼晶莹,满面萧索。回台北市城中心里的路上,他只说了一句话:“像王惕老那样的人,以后怕是没有了。”

附录:最后的中国国民党人

2015年台湾“大选”虽然技术上还没有结果出示,其最深刻的告示早已经广布天下。自从笔者于1989年圣诞节前夕首次赴台湾观察选举战——当时还只是中级和基层公职人员的激烈竞选——以来,就数眼前的这次选举最没有看头。除了结局几乎没有悬念,还因为出马竞选者无论是新面孔还是老面孔,都提不出什么真具新意或创意的执政纲领。

尽管从选情角度来说本次台湾大选看起来最没劲,从政治、历史、价值观的高度和跨度来说,它却是涵义深远且又浓厚的。因为本次台湾大选,不论哪个政党得票比例相差几个百分点,乃是现代中国的标本——中国国民党作为一个整体在政治意义上的“辞世之作”。

四个时代性质大转折点的前两个:“一家两国”

自从1949年国共内战在中国大陆上基本结束以来,中国国民党——本文必须老是使用这个名称,理由在下面的讨论中愈益凸显和明朗——最高决策者在台湾与大陆的关系上做过无数的事情。在笔者的研习和观察视野里,其中有四大转折点,它们皆具有时代性质的涵义,标示着身在台湾的中国国民党的挣扎和梦想。

第一个大转折点是1960年代的初期。促成这个大转折点的是1961—1964年期间几个事件的连锁效应——在中国大陆深陷于大饥荒的危机时刻,蒋介石不断要求美国政府提供更多的军事援助,支持他进行反攻大陆的“终极”武装斗争;美国政府越来越不认同这一军事目标,只愿意援助中国国民党把台湾岛内治理得稳定繁荣,与中国共产党的斗争应该以政治而非军事为主;中国大陆成功试爆了核武器装置(随后台湾的核武器研发项目却被美国政府强行制止)。于是,中国国民党决策层不得不痛苦地下结论:他们的反攻大陆“统一中国梦”只能停留在宣传上,他们一辈子都得留驻台湾了(参阅Jay Taylor《蒋介石与现代中国的奋斗》第11—12章所依据的多方解密档案,台北:时报文化公司2010年版全译本)。

第二个大转折点是1980年代的中后期。继承父亲担任了先是事实上随后也是名义上的台湾最高决策者之后,蒋经国缓慢但坚定地把中国国民党在台湾执政的法统(legitimacy,也译为“合法性”或“认受性”)基础,从“建设台湾、反攻大陆、三民主义统一中国”,转移到“扎根台湾、优先惠及本土”为主,虽然口头上还不能够这么公然宣称。

除了人所共知的那些惠及台湾民生的经济建设和社会发展的大项目外，蒋经国在党政人事安排这个关键领域里，越来越把挑选年轻一代的目光投放到台湾本省家庭背景的人身上。这么做也是出于客观形势所逼迫：既然武装反攻大陆已经越来越不现实，中国国民党就必须把输血管道接通本省人才的新鲜血液库里。否则，随着来自中国大陆的那些政界人员的衰老去世，执政党就无人顶替来干实事挑担子了。

这么做合理合情。可是到了疾病缠身的晚年，蒋经国痛苦地发现，台湾与大陆的长期隔绝，已经从台湾民众的感情认同根部，抽空了两岸间一脉相承的生命之水。他虽然不再做着"三民主义统一中国梦"，但还是不情愿让两岸越走越远，他内心里至少还保持着"一国两府"或"一国两治"的长期政治图景——两岸绝对不能变成两国，而只是一个国家之下的两个政府在实施治理（参阅沈君山：《浮生后记，一而不统》，其中收录了沈与当时中国大陆最高决策层的私下会面交谈史料；台北：天下远见出版公司，2003 年版）。

于是就有了蒋经国 1988 年辞世之前的双手太极式的政策：一方面是挑选台湾本省人担任党政要职和准备接班，一方面开启台湾和大陆的民间往来以加强感情纽带，首先是从外省籍老兵回大陆原籍探亲起头。这个双手政策，把理性和感性糅合在一起，是蒋经国最后的遗产。可以这么说，两蒋作为父子相继的中国国民党最高决策者，达成的是"一家两图"的政治变通延续：父亲持有的是大中国政治版图，儿子持有的是台湾为本但中国不可分成两国的政治版图。

四大转折点的后两个：一反一正

第三个大转折点是 1990 年代的中期。继任蒋经国成为中国国民党党政一把手的台湾籍人士李登辉，他一方面积累了多年的怨恨，老是觉得被中国国民党的上层(多为外省籍)监控和制约，终于熬到翻身解放、大展手脚的时刻了，另一方面也清楚地认识到，中国国民党作为台湾光复后唯一的执政党，是他在政坛左右大局的强势坐骑——即便他在感情上讨厌它，也绝不可以轻易丢弃它。

于是，李登辉采取了一个换酒也换瓶的策略，加速把中国国民党完全改换成“台湾国民党”。他这么做也非理由不充足，对党内干部们他可以如此解释：任何政党在台湾谋生存发展，依靠的对象必须是台湾的本土势力，那才是以后政治竞争的基础源泉，因此国民党不能老是把自己装扮成一个“立足于全中国”的政党，而要尽快把自己从里到外变成“只管台湾、不涉对岸”的政党。他推出的“台海两边两国论”方程式，就是为了此一大目标。

可是李登辉这么既换酒也换瓶，得罪了中国国民党里的老派势力，更激怒了台湾海峡对面的执政党。眼看着自己的方程式难以纳入宪法推展下去，李登辉干脆就“锅里撒泡尿，大家吃不成——散伙”。凭着他党主席的位子，不遗余力地把中国国民党从内里搅得支离破碎，然后甩手走人(参阅《爱憎李登辉——戴国煇与王作荣对话录》，台北：天下远见出版公司 2001 年版；戴曾是李登辉的顾问兼老友)。

这接下去就有了第四个转折点，是2008年至今、马上闭幕的“一马当先”时代。假如说李登辉执政期间，是要“一反到底”，力争把中国国民党在台湾连根反转过去，彻底去中国化，马英九执政期间，则是要“一正到位”，力争把中国国民党在李登辉当政期间的去中国化潮流，扭转势头，归于“中华民国正统”。加之在2008年前的陈水扁乱政闹得两岸之间冲撞不休，马英九要让“台独”趋势悬崖勒马。过去八年里我们看到的诸多政策，从两岸直航、敞开大陆游客来台大门、降低大陆留学生来台的障碍、高调纪念抗日战争胜利七十周年、直至“习马会”和两岸交流专职机构电话热线开通等，都是这个大棋盘上的落脚棋子。

对于马英九力推的第四大转折点，台湾一些团体指责他“卖台”，这是缺乏事实根据的栽赃。仅仅计算一下马英九执政期间台湾军备的采购和自制清单，也得不出他出卖台湾的结论。马所做的，是台湾在确保安全的条件下，积极参与大中华范围的良性互动互惠。

两边不讨好的一个政治理想

以上四大转折点的主政者，并不一样。两蒋作为决策者在台湾党政军警体系里是“朝纲独断”的独裁领袖，敢于公然抗衡他们的微乎其微。李登辉虽然在党内尚不足够一人决断，但他作为第一个本省籍的“元首”，在全台湾社会里拥有极广泛的民意基础。马英九相对来说，执政基础在党内或民间都比不上前三者。可是，马在推动那些事关两岸关系的政策时，每每极具争议，却异常自信和执著。

中国国民党1949年撤退到台湾后的四代领导人（是政治意义上的，而非依年龄区分），开幕的第一代以蒋介石为首，做过“反攻大陆、武装统一中国梦”；闭幕的第四代以马英九为代表，做过“和平民主统一中国梦”。这两场梦都未做成，皆化为白雾青云，忽浓忽淡地溶进历史厚重的积尘里。眼下，我们这些观察者目击着最后的中国国民党人作为一个整体，正辞别“政治人间”。一百多岁的中国国民党在宝岛上逝去了，它之后，留下一个地道的台湾国民党。

一个不弃理想的社会主义者

忆“永远的老年轻”于光远先生

- “马列主义也必须是科学研究的对象！”
- “最重要的，思想要兴旺起来。”
- “官样文章，绝不可以拿出去！”
- 推动改革：内部辩论与前沿研究
- 弄清社会主义的生产目的，至关重要
- 共产主义对全球进步人士的最大吸引力
- “光远老师，我拜你一拜！”

这是我与光远老师的合影留念，他让我挨着他坐下，我坚持以学生礼节站立他身旁。迄今都二十多年了！

我跟于光远先生的交往始于1981年，当时我正在复旦大学哲学系做硕士论文，主题是欧洲人道主义传统和马克思社会理想的渊源。在上海能找到的外文资料和著名学者还嫌不够，特申请来北京检索资料拜见名家。那是我平生第一次来北京，住在中国人民大学的原校区，里面都是乱七八糟的煤堆、黄泥、垃圾、骡马车、驴粪蛋。我是皖南农村背景的学生，对北京学术界的宏大气氛早就无比向往。那是一个激动人心的时代，思想学术界处于百家争鸣、百花齐放的春天。改革开放的初期，物质生活的素质上海是中国的第一世界，北京是第三世界，但在思想学术上，恰好相反。

“马列主义也必须是科学研究的对象！”

当时教育部有个文件，据说是从邓小平那里要来的一个特权：经过“文化大革命”十年折腾，全国高校系统教师队伍都是青黄不接，呈现断代危机，因此名牌大学自己培养的前三届研究生(指1978年到1980年入学的，当时只有硕士生班，还没有博士生班)毕业后，本校有优先的留校使用权，任何中央部委及其下属部门均不能去抢人。这可是个特许，那时还是计划经济，当时最著名的大学，如北大、复旦，都有这个特权。1982年夏天我毕业，复旦大学把我安排在优先留校的名额中。在当时绝大部分复旦同学的眼中，这可是全国最好的分配出路。上海人不愿意离开上海，“文革”期间几百万下乡的上海知识青年正千方百计要回来,比登天还难。你这个安徽佬,竟然有如此的运气!

虽然我在上海人眼里从麻雀一下子变成了凤凰,但心里头还是向往着北京,想到中国社会科学院马列所(全称马克思列宁主义毛泽东思想研究所)去工作。我一听自己留校了反倒急了,知道中央特许的分配政策的权威性,于是主动跟北京马列所方面私下联系,请求他们把我调过去。马列所是当时的中国社科院“第一所”,因为马列主义具指导地位,改革开放之前却没有这个所。于光远是推动建所最力的一个人,建所目的很清楚,他说,马列主义是一切工作的指导方针,这在中国无异议。但“四人帮”把马列主义变成了教条和迷信,我们要把马、恩、列、斯、毛的理论变成科学研究的对象。他没有明讲的是,马列主义不应该是崇拜的对象,而是一种“社会科学”,要随着时代而发展,其中隐含了跟科学必须保持一致的研究方法和评价标准。

听说,刚开始是由中共中央政治局委员、中国社科院院长胡乔木亲自担任马列所的所长,于光远当第一副所长。这规格是最高的了。但胡乔木最重要的工作不是当院长、所长,而是全党主管意识形态工作的领导。他跟于光远说:我太忙,你就代劳吧,当首任所长。

于光远其实也忙得一塌糊涂。邓小平最重要的理论工作助手有四个:胡乔木、于光远、邓力群,还有资深经济学家薛暮桥。薛老年纪很大了,活跃程度比不上这三位。于光远于是让毛泽东当年称为“四个红色教授”之一的经济学家苏绍智当第一副所长，是从《人民日报》社调过来的，更早些年前苏先生曾在复旦大学经济系教书。

我1981年初春赴北京收集论文资料，特地拜访了马列所，只是在走廊里跟于光远打了个招呼，他太忙，走路小跑着。那时候的马列所位于西直门车公庄北京市委党校大院里，办公地方是借用的，建国门内大街上的中国社科院大楼还在盖，那周边是一片荒凉景象。

于光远和苏绍智两位先生为着我的事，亲自出面找到《光明日报》总编辑杨西光。杨老在1954年担任过复旦大学党委书记，调到北京前是上海市委管高教的书记，前不久他参与领导组织了《实践是检验真理的唯一标准》这篇大文章的修订成稿。于、苏两位通过他再给上海市领导打电话，这才把我的分配名额从复旦大学调整到北京。我要求不留校时，学校管分配的干部说了句狠话：我们留一个人很慎重，不知道有多少人想留也留不下来，你不要不识好歹，否则哪里来哪里去。

我当时可是破釜沉舟了，因为听说很快国家就要启动博士研究生班试点招生了，我想，如果我分配被退回安徽，就下决心硬考博士进京。幸好，于光远、苏绍智几个电话一打，复旦大学把我的名额让给了中国社科院。1982年9月29日我从上海进京报到，只买到站票，连硬座都没有，站了一天一夜。满车厢的人看着我一路硬站，还喜气洋洋，以为我有什么毛病。

"最重要的，思想要兴旺起来。"

就这样我进了北京工作。在复旦时，我们对单位的领导要称呼头衔，叫苏校长、金书记、林主任。但到中国社科院第一天上班，见到那些在全国学术界如雷贯耳的人物，除了称胡乔木为"乔木同志"——也不喊"院长"，他笑笑就走过去了——对其他人都一律称呼"老师"。我们这些刚大学毕业的人觉得这样叫，太亲切了。于光远有一大堆头衔，都没人叫，称呼他"光远老师"的年轻人，我开始还以为都是他带的研究生，马上发现所有年轻人都这样喊他。

每周二全所成员都要来所里政治学习，我就趁这个机会到光远老师办公室里，说："是来感谢您的。"他说："感谢什么？都是为了工作嘛。你是做理论研究的，我们讲粉碎'四人帮'后，中国要百废俱兴。最重要的，是思想要兴旺起来。脑子不活跃，什么都活不起来。"

我们的工作生活条件特差，单位食堂周末也不开伙，幸好那时周末只有一天，到外面买东西吃。也没什么好买的，也没有多少钱，路边摊买点油饼咸菜，糊弄过去。改革开放之前没有中国社科院，只是中国科学院下属的一个学部，我们都没有房子住。北京本地人还可以骑车回家，我是外地人，只好睡办公室。最想当床用的是光远老师的办公桌，因为他级别最高，"文革"前给毛泽东当过科技政策的秘书，办公桌又长又宽，睡在上面最舒服。他不是每天都来所里上班，什么时候来不知道，我也不敢对他造成任何干扰。我每天在小研究室里看书写作，深夜没人了，才敢把卷起的铺盖打开。如果他的办公室没锁，就睡在他的桌子上。第二天一大早，收拾得干干净净。

那时北京很小，到了魏公村地段就是郊区了，以下都是土路，我们也暂借用过的朝阳区党校，就是农村，驴子和马都能见到，一不小心，会把庄稼踩坏。我们单位还有在八宝山、首钢附近租农民房住的同事，他们挤公交车，上下班来回三个小时。我 24 小时在岗，连睡觉都在办公室，时间利用率特高，文章发表得特多，被表扬时，我说："还得感谢光远老师。"他觉得很奇怪，问："为什么要感谢我？""因为我常睡在你办公桌上。"

他吃了一惊："啊，怪不得我有时觉得办公室里有点气味！"

因为啥？我周末孤独，偶尔喝点二锅头。那时的二锅头很差劲，一股洗锅水的味道，几毛钱就能买一斤散装酒，我买的是一块多钱一斤瓶装的，算是稍微好一点的。他周二来所里办公室的时候，有时候还是闻到有点气味。

"官样文章，绝不可以拿出去！"

那时大家对于光远的评价五花八门，他资格老，清华大学物理系的高材生，后来到延安去投奔革命。他有几件在当时引起争议的事情，最主要的是说他"到处下蛋不孵鸡"。

他到处提思路出主意，说这个问题要研究，那个学科那个分支要赶快设立，要办一个学术刊物，要建一个学术团体。他地位高，发了话，下面的人就要跟着办。但他讲得太多，别人要给他代管的也太多。理解他的人说，那时中国刚恢复“双百方针”，真需要这样一个人能够提出新观念、点出新问题、开辟新方向。没有他到处下蛋，别的人功力不够，信息不够，权力也不够，下不出那样的蛋。即便下了蛋，别人也不愿为他代管。

光远老师的思想新颖异常，在他那样年纪的人群里显得鹤立鸡群。“文革”后他讲，现在中国档次最高的自然科学刊物是《中国科学》，有中文版，最好的文章要译成英文，按国际学术刊物的通例审稿发稿，索引完备。他说，也要办一个《中国社会科学》，代表中国社会科学人文学科的最高水平，否则怎么把新时期中国的社会科学人文学科成果让全世界了解？

他提出来后，很多人兴奋不已。但也有人问，自然科学普天下只有一个标准，“文化大革命”时期有人讲马列主义的宇宙学、物理学、生物学，批爱因斯坦的相对论是资产阶级伪科学，已经是超级笑话了。社会科学与人文学科有啥统一标准？于光远坚持说，不对，也有。就该按照现代科学的逻辑、研究方法、验证程序，实事求是地探索社会的和人文的问题。

有人追问，那也包括马列主义吗？他说：当然啦！

在 1981—1982 年那期间，这种思想很了不起。果然就办起来了《中国社会科学》，他说要办成全国最好的，绝不可以滥竽充数。宣传品、抄文件的官样文章，不可以拿去推销，英文版要符合国际学术界通则。

我1982年初成稿的硕士学位论文是讨论人道主义问题，当时算是很新颖的主题，争议也大。我把论文稍修订后按程序投稿，寄给《中国社会科学》，那时的主编是后来任中国人民大学校长的谢韬。我从文艺复兴一直讲到马克思及其批评者，文章三万多字。当时匿名审稿，来回修改几次，全文发表。随后全国社会科学人文学科第一次评青年学术成就奖，我获得一等奖，除了奖状，还有现金奖励人民币480元。那可是一笔巨款，我拿到北京火车站对面的胡同小储蓄所做活期存款，本单位团支部派出一位团员同志护送，怕在途中出意外。

《中国社会科学》是光远老师主张办的，我又是他和苏绍智老师亲自调过来的。年轻人发表长篇论文得了奖，他很高兴，在走廊里对我讲："看来花了那么多力气把你调来，也还没调错。"那时在《中国社会科学》上发表一部长篇论文，可以破格被提为副教授、副研究员，当时全国的社会科学人文学科类的正教授正研究员也就一两百个，稀罕至极。

那时马列所里一身兼多职的老资格研究员有好几位，另一名副所长王惠德是中宣部副部长，还有副所长冯兰瑞老太太，延安整风时她的直接上司是薄一波，还有其他延安时代的知识分子老干部，前任《人民日报》副总编辑的王若水一度也要求来所里任兼职研究员。一发生重要的事情，光远老师和他们就会来通通气，消息非常灵通。

推动改革：内部辩论与前沿研究

光远老师还是“中国经济学研究团体联合会”（简称“经团联”）的最重要推动者。他认为全国的社会科学界要互通信息，有些重大的敏感问题，暂时不能拿出来说，就在内部进行大辩论。辩论得比较成熟了，再拿出来，推动政策方面的吐故纳新。

“经团联”的主要办公点就设在马列所里，这个机构有极丰富的国际视野，是中国经济改革最先进的观念的主要来源地。我们在复旦大学读研究生时使用校内小图书馆，享受教师的同等待遇，里面也有一点敏感的内部刊物，有本科生阅览不到的灰皮书、白皮书、黄皮书、海外进口书籍。等到我从复旦大学分配来马列所里看资料，才觉得真是开天辟地的新鲜！

这个所里有好几种参考资料，信息量大得令人难以相信。当时有个俗称“大参考”的参考资料，上午一份下午一份，大八开，有时厚达几十页。阅览者要签字，只能在资料室里面读。“大参考”上，国外对中国绝大多数敏感问题和现实麻烦的报道分析，基本都有，高级干部才能看。我们很幸运地分配到这个单位，得以了解国外最新的信息。

但“大参考”上思想深理论强的文章很少。光远老师说，应该搞学术研究性强的参考资料，于是就编辑了《经济研究参考资料》《社会主义研究参考资料》《马克思主义研究参考资料》等。不定期，只要来了好东西，马上组织突击翻译。那时没有商业性的翻译活动，都是学术水平高的专家学者做翻译。国外大量关于资本主义的发展、福利国家制度的演变、社会主义在不同国家里面临的发展困境、苏联东欧的改革与危机、中国跟越南的关系、古巴问题等等，都是前沿的学术理论探讨。有时一期一百多页，就是一本书。

这就是社会科学研究者的“原矿、富矿”，我这样的年轻学者太幸福了！白天读时，我还没看完，别人就催着要读，也不允许个人随便复印，复印成本高，又违反保密规定。靠着睡在办公室里的特别优势，我就有了几倍多的阅读时间。这些参考资料，对推动中国的社会科学研究和经济改革、政治改革、社会变革、对外开放，是通风的巨大窗口。从外面吹进来的各种新观念，由此迅速传到全国的学术界教育界。

弄清社会主义的生产目的，至关重要

有两个理论问题的讨论，我永远忘不了。

光远老师性格急，很多事情上比别人先看到好几步。他提出的观念，常常被别人批评走得太快了，说他这个级别的要是走得太快，别人难以跟得上。

胡耀邦当总书记时，光远老师是最重要的理论工作助手之一。此前，光远老师还为邓小平起草了开创全局的那篇讲话《解放思想，实事求是，团结一致向前看》。胡耀邦要他组织一个“社会主义生产目的”的大讨论，带动整个宏观经济的思路作深刻反省：几十年来，老是高喊要“一不怕苦、二不怕死”，付出了那么高比例的投资，为什么老百姓的生活改善得那么少？有些方面竟然停滞不前，严重时甚至发生大面积的饥荒和倒退？这类问题必须从根本上扭转过来！首先要弄清楚，社会主义生产的目的是为了改善普通人民的生活，而不是为了生产而生产、积累而积累、投资而投资、高速度而高速度。制定宏观经济计划的目标，要转到提升人民的生活水平为主，要把“民富”作为终极目的，而不是先生产、后生活。

这个讨论即使在三十多年后的今天看起来仍很有意义。中国多年的 GDP 总量里，基础设施投资占到一半有余，居民消费才占三分之一，这在 21 世纪初期全世界的所有经济体里，属于最低的，依然是当今经济改革和增长模式的重大问题。早在 20 世纪 80 年代初的时候，光远老师协助胡耀邦，就抓住了这个根本性问题。传统社会主义经济体制下最容易忽视的问题就是这个。建立强大的社会主义国家，四个现代化是手段，不是目的，目的是人民的富足和幸福。这个观念到现在都很有意义，以民为本嘛！光远老师跟胡耀邦商量的是，政治思想领域里以“实践是检验真理的唯一标准”大讨论开辟了新的道路，在经济领域里相对应，就是要以这个“生产目的”的大讨论来开辟新的道路。

一政一经，是很完整协调的改革思路。理论界有不同意见。这个讨论，没来得及像真理标准的讨论那样产生广泛的影响，戛然而止。如果能延续下去，对中国的高投入低产出、高积累低消费、高投资低回报这类增长方式的痼疾，会有根本的纠偏作用。各级政府会更注重消费品的生产，更注重提高人民的福利，会使中国的经济转型提前二十年迈上正途。吴敬琏等经济学家现在还在呼吁尽快改变中国经济的增长模式；吴说，实际上从改革初期直到现在，我们都是这个模式难以转轨的见证者。2016 年 12 月全国纪念胡耀邦 100 周年诞辰期间，许多文章又间接直接地回到这段历史，回顾这场余音未了的争论。

共产主义对全球进步人士的最大吸引力

光远老师的第二个想法更了不起，不过许多人听起来可能显得陌生。中共十一届三中全会前后，他向邓小平本人郑重建议，说在极“左”政策主导的前几十年里，无限制地提倡加强革命专政，张春桥更力主建立“全面专政”——社会和个人生活的一切方面，经济、文化、教育、体育、科技、家庭，更别说政治，对所有领域都要实行专政。这与马克思提出的共产主义的最终社会目标是完全背道而驰的。马克思说,共产主义要打碎一切枷锁,只是要过渡阶段的短期专政;无产阶级执政后,要大力创造条件,让人民自主治理、自我管理。这才是共产主义理论中最重要的目标。我们要认真汲取"文革"的惨痛教训,在理论上真正弄懂马克思恩格斯本人的共产主义价值体系。马恩最看重的是,共产主义要超越国家政权,实现一切人的平等和天下大同。

他跟邓小平提出:在理论上,共产主义要对全世界进步人士有吸引,虽然现在条件不充分具备,但最终目标不能忘记,让人民自我管理,减少人民群众被管理的环节和机构,为实现"国家消亡"这个马克思主义的终极目标,逐步创造条件。

这也是光远老师那一代人,当年在中国最好的大学念书,却抛弃了触手可及的富贵,冒着生命危险跑到延安去的两大原因之一(另一个跟抗战救亡有关)。光远老师在中国社科院里虽然出的新点子太多,回过头来看看,他在很多领域里都非常超前。而且,他心中一直保持着青少年时期的理想,从未被地位和权力所腐蚀。

那时他还赞成一个口号:"只有向钱看,才能向前看!"这和那时老一代经济学家孙冶芳先生常说的"千规律,万规律,价值规律第一条!"是遥相呼应的。很多人说于光远是在鼓吹资本主义、物质利益挂帅,在小组学习讨论时我竭力为之解释。毛泽东说,贪污和浪费是最大的犯罪。我说:浪费比贪污还坏,有些人贪污就是改变所有权,假如拿去投资,可能比浪费的社会效果稍好一些。光远老师批评我:这话不能乱说!那个时代,在最好的学术机构和大学里,是百花齐放、百家争论。包括人道主义，他也很赞同，但也教训我：不要走得太远。因为胡乔木说过，阶级斗争还存在，不能以人权取代阶级的权利。

"光远老师，我拜你一拜！"

我多次被评为优秀共青团员，发表的论文在同辈青年研究人员中名列前茅，家庭出身也好，三代贫农，很幸运地被光远老师、苏老师大力推荐去国外留学。学成后我没能及时回国内来工作，因为批准我们那一代人出国学习的胡耀邦等领导人下台了，遗憾终身。我1984年夏季去美国读书，1993年初春回到亚洲，第二年夏天回北京，第一个拜访的长辈就是光远老师。他见到我很高兴，他那时已经做了化疗，得了乳腺癌。别人很奇怪，男人也得这个病？他回答说，你们这些人都是科盲，男人也有退化的乳房，当然也可能得这种病。他的一个老部下1994年前后在香港的中资机构工作，筹备在香港把他的诗词随笔出一本书，我一听这主意就建议出古籍版式线装的，请光远老师签字，送给老朋友、老同事、亲近学生和晚辈作宝贵纪念。光远老师为此很开心。

我告诉他：我想回国内来工作，但解决不了房子问题。光远老师说：你出去那么多年，还保持中国国籍，还是申请要回来，心不亏，脸不丢。你在海外的言论我也知道一些，不过你想回来，要做好思想准备。我以为是说收入低，对此我有最坏的防备。但他说：你现在回来，不用睡我的办公桌了。但是要准备忍受讲假话，讲一些违心的话，不能想怎么说就怎么说，想怎么写就怎么写。

他很坦诚，在这一点上很了不起。他写过专门的一篇文章，大意是：对我这样一个早年冒着危险追求马克思主义的人来讲，相信马克思主义、向往共产主义，是我的偏好。但是，不要把偏好变成偏见，不要把你所偏好之外的其他理论、学术、思想、观念，都完全否定掉，看做是你死我活、不可对话的两个敌对阵营。我们不要把自己的偏好变成偏信，要抱着多元的学习借鉴态度，前瞻的、开拓的、与时俱进的、永不放弃追求真理的精神。在晚年丧失记忆力之前，他一直是持这种开放的态度。

到 2004 年年尾我最后一次在北京见到他时，他完全不能走动了，坐着轮椅给人推出来。他对在场的新年聚会人士开心地说：我又多过了一个元旦。我走过去问他：你还认识我吗？他想了一下："噢……"我提醒他："我就是睡你办公桌的小丁！元旦来给你老人家拜年的。"已经丧失了记忆力的老人脸上似乎浮现出一丝温馨，我忍着心酸，在他的轮椅前面跪下去，磕头拜年。大家都很惊讶，这是乡下晚辈对长辈的传统大礼，如今大城市的中青年知识分子早就不兴这套了。只有在场的原来跟我同一个研究所、同一个研究室、同一个研究组的小邵和林春她俩才了解，为什么我对光远老师如此感激。

2011 年，我的《中国模式：赞成与反对》一书（这本书迄今已经发行了五个不同的版本，有中文简体字版（书名《辩论"中国模式"》）、两个中文繁体字版、韩文版和日文版）在国内外出版发行，前言里我用大字标明：此书是敬献给深刻影响了我的五位前辈理想主义者的——他们都是早年抛弃富贵前程，或冒险投奔革命，或在国统区以笔墨奋战的优秀青年学生——其中头一位便是于光远。

原访谈稿刊于2013年11月7日《南方周末》，
纪念刚去世的于光远老师

“这鸭蛋是用尿腌的？！”

在匹兹堡大学同受洋罪的王小波

- 同一班机上的陌生人
- “根啤酒”
- 人尿腌鸭蛋
- 曾经抽过大烟那玩意儿
- “谁碰着我的车谁找死”
- 唯一的一次通电话

在匹兹堡大学城的小楼前，隔壁十几米是王小波他们的住所

《南方周末—名牌》杂志的副主编兼文学爱好者兼作者兼(后来)人民文学奖荣获者黄生几次要我聊聊作为“人”的王小波(即不是评论他的作品),我都谢绝了,倒不是因为忙——我们在万恶的资本主义制度下打工的人永远在忙。主要是因为我思想观念还处在古典中国时代,“人死为大”,不愿意随便议论已经仙逝的人,即便是同辈分的。这么一来就拖了下来,转眼到了 2007 年的初春,黄生又找到我,说王小波去世快十周年了,你作为他当年留学时候住在同一小城的邻居,无论如何也得谈谈他,国内很难找到他在美国时期的同伴,除了他太太之外。

同一班机上的陌生人

听到王小波逝世快十周年了,我真吓了一跳!——时间过得太快了,快得让人恐怖。对于一个逝去的人,十年或许不是很长的时间,他反正不上班下班,不挤公交不塞车,无所谓。对于我们这些还活着的人来说,十年的流逝之快真的令人紧张兮兮。我记得 1997 年 4 月 11 日他去世的当天,曾经有一位在英国一家大媒体(好像是 BBC)供职的华人记者打电话到国立澳大利亚大学采访我。我当时一方面对他的早逝很是悲伤,另一方面也觉得并不特别的反常。我的第一个直觉反应就是:他的早逝或许跟他常年无节制地抽烟有极大关系。王小波若是听到我的这句话,肯定大不以为然:“你不抽烟,就糟蹋咱爱烟之人。你怎么不这样糟蹋常年喝酒的人?”

我跟王小波的相遇说起来非常凑巧,1984 年 8 月 29 日,我离开北京去美国匹兹堡大学念书。到匹兹堡之后,第一件头痛事就是找房子。匹兹堡大学所在的小镇叫奥克兰(Oakland),还有其他几所高等院校,其中最有名的是 CMU,就是 Carnegie Mellon University(卡内基—梅隆大学),它的人工智能和电脑专业在全美国能排上前三名,经济系和政治系也好得很,商学院和国际关系研究也蛮出色。奥克兰镇是个典型的大学城,学生有好几万人,租房的价位相对不低,尤其是对我们这些刚从中国内地出去的人——那个时代我们在国内住集体宿舍,要么不付房租费,要么每月只付两三块钱,我从来没有付过房租费,因为分配到北京以后一直住在办公室里。一到匹兹堡大学,听说月租起码是一百美元,顿时吓得半晕!幸好出国之前有人对我打过招呼,说我所在的工作单位里有个同事叫李银河的,正好也在匹兹堡大学读书,说她在那里已经有一年了,可以让她帮我找找房子。

虽说工作关系同在一个研究所的同一个研究室,但是我并不认识李银河,连面都没见过,只是相互之间听说过对方的名字。但李银河同志(当时写信求她帮忙必须如此庄严称呼)很够义气,很快就给我找了间小阁楼,和中国来的一个自费留学生合住,每人每月付 65 美元房租,外加电费、水费、煤气费、电话费,算是比较便宜的了。记得我们的房子是 326 号,她住的是 314 号,同一条小街 Meyran Avenue

的同一边，隔得很近。不过在搬进租屋的那一天却闹了个大乱子，差点被人举报。那是我们到达当地的第一个周末，我和好几个留学生搬进去的时候，卖力收拾以前住户留下来的废弃物品。都是外国来的穷学生住，所以那些烂床铺、旧沙发、破椅子、坏衣服、厨房里的锅碗瓢盆，大多没什么保留价值。我们把小东西塞进垃圾袋里把大东西整好，通通堆放在大门口前方街道旁，以为大扫除的任务便胜利完成了。那条小街本地居民很少，起初也没人来管。等我们往回走的时候，从二十多米开外的一栋房子里走出来一位老太太，讲英语还带着中东口音。她很严肃地向我们讲述规章制度，我们几个英语都很烂，她就一个字一个字地说，我们还是听不大懂，所以没什么反应。她一定不会想到我们都到美国来读研究生了英语居然是如此之差，以为我们屡教不改态度不恭，就生气了，一下嗓门就提高了，用最简单的英语开始骂：You are terrible, really terrible! 太糟糕了！太糟糕了！你们在自己的国家里也会做这样破坏公共卫生的事情吗？这下我们大致听懂了，尤其最后一句话对我刺激非常大，但第一反应是以后邻里很难相处，还没明白自己做了怎样的大错事，因为我们在国内还做不到这么好呢，垃圾随手就丢掉了。日后请教早来了一年的李银河等人，才知道在这个区域每周只能在指定的一天、指定的时间段（周二下午四点到周三上午十点前）、指定的地点把垃圾拿出来。垃圾车每周三上午八点到十点收集垃圾，而且一个月里四周行驶的方向是不同的，必须记住，否则如果赶不上规定时间段，垃圾就得在家里再放上一个礼拜，违犯者可被举报罚款。凭良心讲，我在离开中国前没什么环保意识。后来之所以成为一个非常坚定和自觉的环保主义者，不是通过空洞的学习和宣传，而是实实在在的三个生活经验的刺激。我在小镇奥克兰第一次被美国人骂的这个经历，是我环保意识的启蒙课。

到了匹兹堡大学报到后没几天，李银河就请我去她家吃饭，一推开房门，看到一个又高又黑的人，李银河介绍说："这是我爱人，叫王小波。"王小波不冷不热地点点头。后来发现这就是他的风格，对人表面上既不热乎也不冷淡，基本上保持在七八十度。吃饭的时候，王小波问我是几号来的，又问我是从哪儿来的，我说我是多少号从北京来的。他一听，立即问："唉嘿，你是坐哪个航班?"我告诉他我搭乘的航班班次——原来，我俩是同一天坐同一架飞机来的美国，我坐在机舱前边，他坐在后边，飞机里没照上面，失之交臂。

王小波很健谈，一口地道的北京话，有点阴阳怪气，冷嘲热讽，但并无特别的恶意，像讲相声，语言的描述能力很强。吃饭的时候，他一边说，一边不停地抽烟。而李银河则很清瘦，看上去就像个小城里的女教师。她不大讲话，老是在厨房和住的房间两边跑来跑去，忙不过来的样子。出国之前，李银河最好的一个朋友林春同志——她也是个大才女，后来去了英国留学，写了一本关于中国社会主义史的大部头专著——曾跟我描述过她，让我从头就觉得李银河是个才女。本来还以为她一定是言词飞扬，结果却发现她是一个口头表达很收敛的人。

就是在匹兹堡的异国他乡，我认识了王小波。

“根啤酒”

我待在匹兹堡大学的那段时间，由于是邻居，跟王小波一家是早不见晚见，路边不见校园里见。匹兹堡大学旁边的居民房子一般只有两三层，最上面的是最便宜的小阁楼，冬冷夏热。我们去的那年冬天，匹兹堡下特大的雪，把路两边的汽车都给掩盖没顶了。那间小阁楼里除了我，还住着上海去的小汤。在我们住之前的那一学年，是一个学作曲的湖南人谭盾住在那里。他在匹兹堡大学待了不到一年，就转到耶鲁大学去了。等到我后来去了哈佛，大家都传开了，说是那个小阁楼的风水很好，以后据说房租上涨了，还很难租得上。

有时我们也把王小波夫妇请到我们住的小阁楼上来作客，一来二往，大家都熟了。在这帮留学生中，王小波比我们大一点点，于是不失时机地摆摆老架子，不许我们喊他“小波”：“你比我老，敢叫我‘小’波？等你们哪天比我老几岁了再这么叫。”我们没办法，只好喊他“老波”、“王老波”，他听了蛮受用的。

匹兹堡大学为我们这些非英语国家来的留学生专门设立了语言技能提高班，分三个级别，英语相对而言最好的进

A 级小班，最需要补课的进 C 级大班，我进的是 B 级班，中不溜。王小波不在我一班，也肯定不在 A 级班，我没好意思问他在哪个班。教我们班英文的是 Pitt 教育学院的硕士研究生，学英美文学的两个漂亮得像演员的姑娘，Betsy 和 Eliza。上完一个学期的语言课，我们班里一半多的哥们顺利毕业了，按照美国大学的传统要办个 party 欢庆一下兼欢送大家，就由两位美女教师张罗着在她们的宿舍里举行。我们全体学生特别激动，能被她们教英文已经荣幸无比了，现在不但课程过了关，还要去她们家享受她们主持的 party，天哪这太幸福了！出席 party 要带点礼物，不能是贵重的但应该是有点特别的。中国式的菜带去冷了又不好看又不好吃，好带的饺子嘛有些肥腻，两位身材佳健的姑娘吃东西小心得很。那么还是带酒吧，我特地步行二十来分钟走去我认为相对富有的人居住的一个小区，挑选出来一种包装十二分精美、名字又着实动人的啤酒：root beer(根啤酒)。顾名思义，这应该就是形容它地道咯，原汁原味咯，外国人中国人的文学类型里不是就有"寻根"嘛，这肯定就是最正宗的啤酒了！于是赶紧买了一打，比平时买来喝的啤酒贵很多很多，但还是开心坏了，第二天就带去了 party。

在我之前秀礼物的是一个日本胖哥，这哥们的想法与中国人的就是不一样。他在日本餐馆里定做了一套非常漂亮的寿司，独特又讨女孩喜欢。在匹兹堡日本餐馆是高级馆子，那两个姑娘靠自己的收入一年也去不起几次。果然，最漂亮的 Eliza 心花怒放，这下我的民族自尊心受不了，打开纸包前大气凛然地演讲了一番这是我来到匹兹堡以后见到过的、有生以来喝到过的最棒最正宗的啤酒云云。谁料她们一看满脸窘色，一时都不知道该说什么。厚道的 Betsy 怕我难堪，对我解释道：root beer 其实不是啤酒，而是一种有啤酒味儿的软饮，给那些开长途车的司机嘴里提提味，或者让未成年人 party 时过过瘾的。形容词 root（根）也不是我以为的 origin（根源）的意思，而是那种类似啤酒的味道来自某种草本植物的根部提取物……如果我不是肩负重任去求学的，当时真想就从她们住的三楼跳下去算了！

我曾经请教过王小波等几个伙伴，为什么 Pitt 的美国本科女生普遍那么靓丽，个个到中国都能当演员？王小波斜了我一眼：“你没算算她们每天早上花多少时间化妆？”果然，从我们狭窄小街的这边阁楼窗口望过去，对面凡是住着美国本科女学生的，一溜晨曦下临窗施妆，少的十几二十分钟，多的个把小时，天天如此。我们出国之前，中国女孩子除了上台演出，没有平时化妆的。于是在中国内地来的留学男生中间，就有一首改编了的爱国主义革命歌曲：“雄赳赳，气昂昂，跨过太平洋，杀上新战场，缴获一只美国枪，带回中国见爹娘！”这儿的“美国枪”，当然是那些天天化妆的美国妞们。

人尿腌鸭蛋

我们招待王小波夫妇以及他们招待我们的，都不是“根啤酒"，那太贵了，舍不得。我们聊天的时候，通常喝喝本地产的价廉物不差的"钢城牌"啤酒，当地夏季天气非常炎热，赶得上中国的小火炉。我从到达的第二天起就跑出门去找酒喝，从最便宜的开始买，便宜到我都不敢相信，半打啤酒连两美元都不到。回来一喝很淡，我想还是要买贵一点的。于是请教当地人，他们说有一种 Iron City（钢城啤酒）物美价廉。我一听感觉应该不错，匹兹堡以前是以炼钢为核心产业的城市，这个名字又很劳动人民，很亲切，价格在四十美分一瓶，于是它日后成为我们的首选。我们互相交替请客的时候多半啃啃烤鸡腿——因为鸡腿很便宜，有钱的美国人大多不吃这种胆固醇含量很高的食物，他们吃的是鸡胸肉。除了啃鸡腿，我们还常吃鸡内脏，那是不要钱的。小汤在一家中餐馆里打工，美国人通常不吃鸡肝、鸡肫、鸡心什么的，小汤每次下班就带回来一口袋，我们就着啤酒吃得很开心。后来带回来的太多了，我们就把它腌起来，在小阁楼顶上晒干，远远看上去像民间工艺品展示。美国人也不怎么吃鸭蛋，因为很腥。匹兹堡大学周边地区森林茂密，不少的飞禽走兽，离我们住所不算太远处的公园里有很多鸭子（不知道是不是野鸭），有时下了上百个蛋都没人要，在绿草地上躺着很好看。我们捡回来十几个，吃不完，就想办法把它们腌起来。勤劳的小汤和不怎么勤劳的王小波是用盐水把鸭蛋泡起来，那样味道并不特别好，一点都不香。我灵机一动，想起我们安徽农村里腌鸭蛋的办法：用黄牛拉的新鲜尿拌黄泥来腌，吃起来蛋黄特别香。在匹兹堡那个钢铁之城，黄泥土不好找，黄牛尿就更找不到了。我就想了个办法——用自己尿的尿来腌。这样腌出来的效果还不错，我送给王小波去吃，他问我是怎么做出来的，这么有滋有味，我告诉他是怎么回事，他一听就破口大骂，以为我们是在耍弄他。我说我们自己也吃啊，他才稍稍息怒。其实这有什么，中医里啥都可以入药，人的小便药学名叫“人白”，人的大便叫“人黄”。可见王小波对中国传统文化的了解远不如我。

曾经抽过大烟那玩意儿

从经济状况来讲，在当时的中国去匹兹堡大学的留学生中，我算是比较幸运的了，全额奖学金除了学费还包含每个月八百多美元的生活费，我完全不必打工，连助教和研究助手都不用做。但是王小波就不同了，他是以陪读的身份来美国的。通常别人都是丈夫先出国，妻子随后去陪读，他是反过来了，所以我们常常拿这个找他寻开心，挖苦他，说他是“随军家属”。他一听这话，就埋头抽烟。我曾经问过王小波，为什么烟瘾会那么大。他说当年下放在云南的边境地区，种橡胶，生活很苦，也很想家，更不知道以后自己有没有前途，内心非常压抑痛苦。在那种情况下，他们很多北京下放来的知识青年跟着当地的少数民族农民抽过大烟，他的烟瘾就是在那个时候培养出来的。他说现在一天抽一包半到两包，因为美国的烟比较清淡，抽得不过瘾。

我那时还不知道他在写小说，有几次去看他的时候，发现门窗都关得死死的，一敲开门，从门里透出来的烟味就把我呛得倒退三步。我劝他少抽点，他说少抽不就更没劲啦。他后来也上了匹兹堡大学的研究生班，大概读的是东亚史，读硕士。我们在一起喝酒聊天的时候，他总是骂骂咧咧，常骂美国佬。他外语非常不好，我能够从自己的痛苦里体会他的痛苦，我在研究生班上因为语言不好，经常被两个美国同学嘲弄地凝视着，所以对他的处境深有同感。后来他出去打工，在一家台湾人开的中餐馆洗盘子，还没两天，就不干了。我问他为什么炒了老板的鱿鱼，他阴着脸不吭声。后来李银河告诉我实情：老板说他洗一会儿碗就停下来抽根烟，是有意偷懒。他一火就把老板骂翻了，说你他妈的老子抽口烟还不许，你以为老子是你的奴隶？操你妈，老子不干了！他那时刚从中国出去，和很多大陆出去的留学生一样，对资本家仇恨满怀，适应不了美国市场的雇佣关系。

我非常佩服李银河的吃苦耐劳，那时她既要读博士学位，又要做助教给美国本科生上课，周末还要到餐馆去打工。在美国读博士学位是非常累的，这一点我们都深有体会。以她那时的情况来说，真可谓是又贤又惠，而王小波自从跟那家中餐馆吵翻以后，大概就再也没有出去打过工。小汤跟我说李银河是贤妻，王小波则像个大爷。后来当我在美国《世界日报》上看到他得了台湾《联合报》文学大奖的时候，才知道他一直在写小说。真为他高兴，说老波的苦没白吃，终于熬出头来了！

不过跟你说实话，我从来没有读过王小波的小说，到今天也没读过。我估计他也从来没有读过我写的论文，那可不是文人相轻，是太忙。

“谁碰着我的车谁找死”

1985年8月中旬，我离开匹兹堡大学准备转学去哈佛。对于我要放弃在匹兹堡大学的高额奖学金和物价便宜的生活，去物价高得吓人的波士顿读书，王小波颇不以为然。他说，你除非是想留在美国不回去了，不然不需要拿一个名牌大学的文凭。你回到中国，谁又管你是哈佛毕业的还是匹兹堡毕业的？他要我实惠一点，好好考虑清楚，在匹兹堡待下来能省下很多钱的，带回国起得上大作用。匹兹堡大学校方曾经告诉我，他们名义上给我提供的全额奖学金是六年，我要待上个八年没问题。我除了拿全额奖学金，还可以免费使用学校里的办公室，打美国国内的电话、复印资料、用文具，通通都不要花钱。

我还是决定去哈佛。走的时候，李银河、王小波好好地请我吃喝了一顿，饭桌上还出现了牛肉，那比起鸡腿来可要贵很多！我把在匹兹堡喝酒后留下的七八十个很有特色的酒瓶子都留给了他们做纪念，花花绿绿的，来自许多国家，挺好看。不过我想这些酒瓶子可能早就被他们扔了，他们对酒瓶子的美感不如我那么在乎。也就是在这回搬家清点居屋的时候，意外生财——我出国前经高层领导特批，向单位借了600美元作盘缠，这在那年头可是一笔巨款！我这儿藏100，那儿藏50，等到在匹兹堡安定下来，却找不出其中的200美元藏在何处了，直骂自己是蠢驴！搬家中间才发现那几张美元大钞塞在老母亲为我做的一双布底鞋里，那是妈妈一针一线为远行万里的儿子缝的，尤为珍贵，才慎之又慎地把巨款藏匿其中。

王小波是个很讲义气的人，他坚持要送我去匹兹堡城里的长途汽车站。在这之前不久，他刚买了辆旧车，那是一辆二十世纪五六十年代产的双排座福特牌老爷车，又长又大，躺在里面睡觉宽宽敞敞，车外壳四边有棱角，像辆坦克。他刚学驾车，技术很差，我不敢让他送我进城。王小波对我眼一斜："没事儿，撞不死你这个哈佛小子的！老子这辆车谁敢碰我？哪个碰我哪个找死。"他跟小汤两个开车一起送我，两个都是刚拿到驾驶执照，不长的一段路上慢悠悠地开了几十分钟，中间还熄了一次火，小汤跟我在后面推着才启动起来。

从那以后，我们再也没有见过面，和老波、小汤都没见过面。为人非常厚道的小汤的梦想是赚够了钱去加州大学伯克利校区读个正式学位，搞电机电脑。我好几次想跟他联系，都没找到他，不知道他后来干什么了。

唯一的一次通电话

1993年6月，我出国十年后第一次回国来到北京。晚上我兴冲冲地给王小波打电话，对他喊："喂，你知道我是谁吗？"他请我再说一遍，我对着电话那头大喊了一声"老波！"他"哈"了一声："听说你小子找到资本主义世界最有钱的教职了？"我1992年6月从哈佛研究生院毕业，1993年初从美国回到亚洲，在新创建的香港科技大学教书。那个时候，香港科技大学教师的平均薪水确实是世界上最高的之一了（遗憾的是1998年亚洲金融危机后就降下去了）。王小波说你还好意思不请客？我说我当然要请客，还能亏待你老波？！但很快我就匆匆离京回安徽老家去看望分隔十年的老母亲和亲人了，酒也没跟老波喝成——那是我从美国回来后唯一的一次跟他通电话。

代结语:读书的六种目的取向

编辑先生:

你曾经好几次非常诚恳地邀请我给你的版面写写如何读书,几年过去了,我到现在都没给你写,不是因为我对你的这个邀请不接受,完全不是这样的!恰恰相反,我是对你的这个邀请太重视了、太看重了,用英文来讲,就是 value it too much 了,给予太高的价值投射了。所以到现在为止,都没给你写。

你提出的问题没多少字,看起来很简单,就是"你读过的书中间,你认为哪些书非常好,值得向比较年轻的大学生们做推荐?"仅仅这个问题的"前奏",就要花很多很多的时间来回答,就是说在给出一串书名之前,就要花很多很多的时间来回答这个问题。为什么呢?根据我自己的生活和学习经验,也根据我观察到的身边人读书的现象,我至少可以这么说:在今天、在现时代读书,同样的一个人,可能会有非常不同的目的。有些书好还是不好,值得读还是不值得读,怎么读,该不该推荐,不仅仅取决于这个读书者本人,更切近的、更相关的是他或她的读书的目的，而读书的目的，我刚才讲，是多重的，不是单一的。不讲清楚这些读书的目的取向(purpose-orientation)，你哪能开得出书单了来？

多重的目的在我本人身上怎么体现的？我可以诚恳地告诉你，也想通过你告诉读者们，我之读书从懂事开始，这么多年来，在中国读书，在国外读书，读中文的、读英文的，所有的读书，大概能分成这么六种目的取向：

第一种目的取向，是出于学习某种知识。这个知识本身，它当然同我自己的专业挂着钩——无论是我做学生时选取的专业，还是毕业以后教书做研究工作相关的专业，在专业的眼光看来那些是非常重要的知识。在这个为了寻取专业知识的目的之下，我能开给你一系列的书名。举个简单的例子吧，我本人以前在国内学的是两个不同的专业，到海外学习的专业又不同，那么至少到现在为止，在这三个不一样的大的专业领域里边，有些知识性的东西我必须读，如果不读，我在这个专业领域里就可能被人认为是在知识上有很多基本的、重要的甚至是致命的空白点。这是不行的，对不对？所以在我这个专业里边，在我看来属于基本的知识，比如政治史、经济史、社会发展的经验知识，包括跟中国相关的，也包括跟中国不直接相关的，跟东亚、跟美国、跟前苏联和东欧相关的政治经济、社会转型和发展的知识性研究成果，这些我要读。这就是第一类的目的取向，为了寻求知识而读书，为此必须要读那些非常重要的书。

与这个密切相关的还有第二类，这是在一个更具体的工具的水平上来讲的，就是为了获得一种技能要读的书。技能和知识之间有很大的差别，举个很简单的例子，如果说你要学电脑方面的技能，如果你不是把电脑当做一种专业，电脑只是你工作过程中的一个手段，你写东西也好、寻找资料也好，为了这些需要，与你使用的和电脑相关的技能你要学。又比如，假使你是一个做社会调查、市场研究的，统计方面的技能你也得要学。为了学习这些技能，你得读一些书。在一个更具体的意义上说吧，有些人想学会怎样烹饪，烹调方面的书你要去读。有的人要学会开车、修车，这方面的书也要读一点。随着现在生活方式的多样化，这种目的性的读书越来越多。许多人喜欢旅游，假如你要去云南或者新疆，事前你会翻翻介绍这些地方的历史、风土人情、地方特产、饮食等等方面的书；去过以后，你也许就不会再读云南和新疆地方志方面的书了，因为你不打算成为这些地方研究的专家学者。对我的专业来说，技能方面的东西不需要学太多，因为我谋生的手段主要不是取决于这些技能，这些都是非常辅助性的。所以这方面的书要读，但不需要读得太多，不需要读得太系统，不需要读得太深。当下暂时不太熟悉的先读一读，学到那种技能以后，其他跟它相关的就用不着管了。所以第二种读书是一种纯粹工具性目的的读书。

第三种读书的目的是为了什么呢？是为了知识上的好奇！当然每个人的好奇心程度不一样，我呢，从小就好奇，到现在还很好奇，对很多事情都好奇。以前的好奇，小时候的好奇，特别不容易找到给脑子“吃”的食物，那时候书很少，只要弄到一本书，嘿，只要里面有一点点有意思的东西，就会抓住机会看看，满足一种好奇心。以后长大了，中国也逐渐恢复到正常的状态，书店里有更多的书卖了，翻译过来的书更多了。自己的好奇心虽然也在增长，但是你能够纯粹为了好奇而读书的时间的比例，却越来越小，因为有其他越来越多的事情压着你去完成。我刚才所讲的，为了前两种目的而读的书的量，随着年纪的增大在增大，特别是第一种，是吧？不论怎么忙、工作生活压力多大，但纯粹为了好奇心而不是为着专业或者技能而读书，这种情况虽然不是非常普遍，但还是存在的。比如说我直到现在，对于所有最重大的、最前沿的天文学、宇宙学方面的东西，依然保留着浓烈的兴趣，当然，深奥的天文学宇宙学的东西像我这样水平的数学是读不懂的，那是涉及非常高深的数学的推演。但是，跟宇宙的起源这个问题相关的，宇宙是有限的还是无限的？时间是有限的还是无限的？在“大爆炸”之前是什么？“黑洞”内部的演化机制是怎样的？现有的宇宙完了以后会是啥？别的天体上的生命存在的方式和它们跟地球接触的机会有多大？时间可逆不可逆？这些非常本源性的跟宇宙的性质和宇宙的演化相关的问题，我始终非常感兴趣。为了这些兴趣，我就找书刊经常读读。这些东西呢，大家都知道，二十世纪最有名的那几位科学家，像爱因斯坦，像斯蒂芬·霍金等等，跟他们的“问题系统”(problematics)有关的、这方面的书我买了不少。只要在英文中文的报纸杂志上看到对这类人物的重要采访或回忆，我也会去很认真地看看，想知道有什么新的发现。

我纯粹为了好奇而读书，还有一个领域是跟考古有关。重大的考古发现，不管是中国的文明也好，非洲的文明也好，还是古希腊罗马的文明也好，我只要有点时间，碰上一本好书好杂志，就会好好读，读得津津有味，除非实在是被迫要干别的事，那只好忍痛放下来。这方面的书我也买了不少。

纯粹为了好奇心而读书非常重要，它会使你的知识面不是停留在你专业的固定领域里；更重要的，它有时能给你比知识更高层次上的、对眼界和想象力的刺激拓展，给你打开在你的专业里边看不见的那些可能性，那些令人惊奇的大门和窗户，那些无穷的远景。我觉得一个人不管多忙，不管你学的专业中压力有多大，工作有多么繁重，你也应该保持好奇心。只要有好奇心，你才会东边看看、西边看看，扫描扫描在具体的意义上跟你的专业、跟你所做的工作不相关的一切，但不相关的东西有时候会忽然给你某种刺激，一下在你脑海里边闪过很细的一道光，而这道光呢，对你的启迪意义会是非常革命性的，刷新了你以前很多想不明白的问题，或者你自己以为明白但其实被误导了的问题。你获得的是一个新的视角，一个 view，一个 perspective，一个 reference。这种纯粹为好奇心而读书是我讲的第三个目的取向。

读书的第四个目的取向，是出于一种感情的、情绪的驱动而读。像我们这样不是写小说诗歌不是做艺术的人，有时候去读小说、诗歌、戏剧、电影脚本，读文学创作的这种那种形式的产品，主要是为了一种感情的需要，是吧？我必须承认，像这种为情绪而去读书的情况，在年纪越小的时候越是强烈，可能读得也是越多。这就是为什么很多人在回忆自己少小上学的时候，你爸爸妈妈或者老师叮嘱你准备考试、准备课堂作业，但你自己的心不在那上面，你手里拿了一本《水浒》、《西游记》，书包里偷偷地藏着一本武侠小说、一本《基度山恩仇记》，怎么都放它不下来，以至于屁股上挨了竹板子还要躲起来偷偷地看。这就是一种为了感情或意绪方面的需要而读书，挡不住的！这是我讲的读书的第四个目的。

第五个目的取向的读书是什么呢？在我看来就是为了寻求意义。寻求意义在西方来讲，大部分人就是找他所信服的那种宗教的圣书，The Holy Book——你是基督徒，那么对你来讲一部《圣经》就是一部 Holy Book；你是伊斯兰教徒，那么对你来讲《可兰经》就是一部 Holy Book；你是犹太教信徒，你的《旧约》就是你的 Holy Book。像我们这样的人大部分可能是不信教的，这并不是说反宗教，不是的，就是因为你成长的整个经验使得你到现在为止没有信服任何一种宗教。但是我对伟大的宗教是很尊重的，因为这些伟大的宗教在人类社会能够延续上千年、几千年，经历过那么多世事的变化，而始终能够对千百万、上亿、十多亿的不同国家不同社会的人有那么强烈的召唤力，真是一件了不起的事情。中国人历史上有组织的宗教观念比西方人淡泊得多，虽然我不是教徒，但有时候为寻求一种意义，也会翻翻跟宗教相关的 holy text，即“神圣读本”。人生的意义既能够通过对超验目标的追寻获得满足，也能够从现世事务的追寻来获得满足。

举个例子，在十九世纪末到二十世纪初的那段时间，很多西方知识分子和中国激进的知识分子，在革命书籍中间找到了他的终极意义，在里边找到了他所寻求的“活着是为什么？”“我这人生的目的是什么？”“我在这个世界上所要追求的超出我个人生命、个人存在的那个至高无上的价值目标是什么？”很多人找到的是革命经典，而在革命经典中还有些人找到的是马克思主义、共产主义。不要忘记，恩格斯就讲过，《共产党宣言》、《资本论》是工人阶级的《圣经》，这个比喻就是这个意思。对于基督教徒来讲，他找到终极生活的意义和一切意义的来源是《圣经》，而对那时代革命的知识分子、革命工人来讲，他要从马克思主义中去寻找。

我现在已经讲了五个目的取向：为寻求知识而读书；为寻求技能而读书；为满足饥渴的好奇心而读书；出于情感的需要和驱使而读书；为了寻求人生的意义，最高的、终极意义上的价值目标而去读书。在我看来还有第六种读书的目的取向，它跟第五种有些关联，那就是：人们，特别是青少年，要找英文里所讲的 the role model，就是榜样、个人的典范，从那里得到启发教益，就是自己该怎么奋斗，该怎么向上，该怎么使自己成长的步子迈得正确、坚定，一步步地、向前向上，这是人生教益式的目的，跟第五种有关系，但不是完全一样。第五种是寻求终极意义，随着一个人的年龄越来越大，这方面的要求越来越深沉，因为他在这个世界上生活的经验已经很多了，有些东西他无法以自己有限的经验来解释——在这个世界上他只生活了六十年、七十年、八十年，他觉得还不够，他要找一种更高的、超验的，一种彼世的、天上的、神性的根源去解释。而第六种呢，人生的路怎么走，怎么设计，怎么奋斗，倒是年纪越轻的越是有这样的目的、这样的需要。因为他的过去很短，而他的未来很长，他未来的每一步，对他来讲，都像爬梯子一样，脚往哪儿迈，不能踏空，不能踏错。如果把为了人生成长的目的而读书，跟寻求终极意义读书相比较，后一种读书寻求的是超验的、彼世的、天上的、后世的等等，前一种读书则是此生此世的、滚滚红尘的（这里好像有点贬义了，其实没这个意思），在这个世界上怎样塑造你的生活，怎么造就你的性格、锤炼你的意志，面对挑战、困难时怎么办，等等。

针对每种目的取向的读书，我都能推荐出几本、十几本，甚至更多的在我看来值得读甚至可以说必须要读的书。你看，你提出一个非常“简单的”问题，但我没办法以同样简单的方式来回答你，因为你的问题包含着深层的含义，太多层面了，也许你自己并没有意识到，可能很多已经给你写了读书文章的人也不怎么清楚明白，否则他们不会那么轻易地就能拉出一长串书目来给你，推荐给年轻的读者。而我对这个问题很有点“形而上”，所以在我具体回答你的问题之前，必须对读书的目的取向予以区分。要想对比我们年轻的大学生推荐读什么书，我必须首先讲清楚，这种推荐几乎是不可能的——除非我能知道你想找的是哪种目的上的读书。只有在这样目的相关的意义上，我才能够推荐我认为是非常好的书、非读不可的书。换句话说，我回顾自己读过的那些书，觉得很多书是可以比较的，就是这两本书你一定要选择的话，这本你要读，那本就不必读了。但还有一些书是不可比的，因为这取决于你为了什么目的而阅读。写书的作者也很明白，他的书是为什么目的而写的，不同的人写书是为不同的目的而写的，不是为了一样的目的而写的。这些为不同的目的而写的书是没办法相比较的，你明白我的意思吗？比如说有一本书是讲怎样装修房子，它怎么跟一本小说比较？没办法比。因为前一本书，你做装修这个工作，你不懂那些技能你干不下去，你必须读，它非常重要，不读你就没饭碗。后一本书呢，不影响你的饭碗，但可能影响你的感情，你半夜三更睡不着觉都要起来读，对不对？一边读，一边淌眼泪，一边感叹，像以前有人读《红楼梦》读得想自杀，这对你谋生没有影响，但影响你整个的感情生活，你的心灵世界，尤其是爱情方面的。

编辑先生，简要地讲，我要给你的版面写一篇读书的文章，在把书单子拉出来之前，我必须把这些给读者讲清楚。在目的取向已经比较清楚地分类的情况之下，我才能够推荐一些书，或者讲讲自己读书的体会。比如第一次我会讲几本书，为什么是这几本？我读过几年了，甚至二十几年、三十几年了，到今天为止，它们对我还有那种不可忘怀的、深刻强烈的影响，以至于眼睛闭起来就会想到当年读那书时的情景，那个感受、那个震撼。

我现在讲到这一步，如果你非常想知道我要推荐哪些书，劳驾你把读书的六种取向先发表出来。这部分是头等重要的。

我这里分出来六种读书的目的取向，可能有些人是四种，有些人是七种，因人而异。这是我的读书的目的取向的哲学，每种目的取向上都有我认为是对我影响大、值得与读者分享的读书体验。当然，以后推荐书的时候，技能方面的我不会推荐。因为不同的人需要不同的技能，比如我很好吃，你不爱吃，这个国家那个国家的菜谱，这些我不会推荐。还有就是到国外申请读书，怎么样找资料，怎么样找奖学金这些工具性的东西，虽然当年经历过，虽然很多人急切想知道，我也不会费神推荐这方面的书目。我以后会在其他五种目的取向之下，每种推荐一两本，甚至三本。当然还有些书是如此的丰富——丰富倒不一定很厚，就是它的内涵丰富——以至于在五种目的中它一本书就具备了两种、三种甚至四种的目的相关性，这样的书也是有的，当然凤毛麟角。

初述于2005年初春，深夜于海边月下
修订于2009年初秋，公民读书会前夕